中公新書 2274

横手慎二著

スターリン

「非道の独裁者」の実像

中央公論新社刊

はじめに

スターリンとは何者だったのか。スターリンがヒトラーとともに二〇世紀を代表する独裁者だったことはよく知られている。イギリス生まれの歴史家ロバート・コンクエストはそのスターリン伝の冒頭で、誰であれ伝記を書く者は対象となる人物に対して愛着を持つと言われているが、スターリンに限ってはそうした感情を抱くことができないとし、次のように言う。スターリンはまるで悪魔に命を吹き込まれた、大きくて粗雑な粘土作りの人間、つまり、ユダヤの伝説にある超自然的に命を吹き込まれた人造人間ゴーレムのような印象を与える。その意味で、「自然でない人」という言葉で彼を評価してもよいだろう。

これは歴史家の中では極端な発言である。だが、現在の日本人の多くがスターリンについて抱く印象も、これとさほど違わないのではあるまいか。彼について語る多くの歴史書が、一九二〇年代末からの農業集団化の過程で多大な餓死者を出したこと、あるいは一九三〇年代の大粛清では罪なき人々が次々に逮捕され、その後彼らの多くが消息を絶ったこと、あるいは第二次大戦の前後の時期に、ソ連の辺境地域にいたいくつもの少数民族が銃口を向けられて故郷の村を追われたこと、あるいは多数の国民や日本人を含む多くの外国人抑留者が収容所に送り込まれ、そこで過酷な労働を強いられて無意味な死を余儀なくされたこと等々を記している。直接的であるか否かはともかく、スターリンの名前はそのようなソ連史の恐ろしい出来事と結びつけられてきた。そこからすれば、確かに誰もコンクエストほど直截《ちょくせつ》に表現しないとしても、スターリンを底知れぬ悪行と非道を繰り返した独裁者と捉《とら》えているように思われる。

しかし、これとまったく異なるスターリン像がある。それは、今もなおロシアにおいて少なからぬ人々がスターリンを敬愛し、優れた指導者として信奉しているという事実に示されている。ロシア事情を西側に向けて語る解説者として著名なドミトリー・トレーニン（カーネギー国際平和財団モスクワ・センター長）によれば、現在のロシアではスターリンの人格や役割についての評価が真っ二つに分かれており、ロシア史における彼の役割について肯定的に評価する声と否定的に評価する声が拮抗《きっこう》しているという。

このような評価は一時的なものではない。没後五〇年になる二〇〇三年になされたロシア国内の世論調査では、彼の役割を肯定的に見る者が三四・七パーセント、否定的に見る者が四〇・三パーセントだった。この傾向はその後も続き、二〇〇八年にロシア国営テレビが、ロシアを代表する人物について意見を求めたところ、スターリンは、古代ルーシの時代の英雄アレクサンドル・ネフスキー、そして二〇世紀初頭にロシアの政治体制の大転換を図った政治家ピョートル・ストルイピンに次ぐ第三位の位置を占めた（実際には第一位の人気だったという説もある）。つまり、最近のロシア国民の理解では、スターリンはドイツにおけるヒトラーとまったく異なり、ロシアという国の歴史に例外的に現れた破壊のみをこととする独裁者などと断罪して済まされる存在ではないのである。多くのロシア人に、彼らの国を理解する上で不可欠な人物と評価されているのである。

スターリン（1878もしくは79〜1953）

なぜそのようなことが起きているのか。ロシア人の多くは、二一世紀になってもはやスターリンがもたらした悲惨な事実をすっかり忘れてしまったのだろうか。あるいはロシアは今もなお外部の者には理解できない謎の国なのだろうか。それともロシア外部に住む者たちの側に何か問題があるのか。つまり、外国の人間はコンクエストと同様に、彼について何か重要なことを見落としているのだろうか。

本書はこのような問題意識のもとに、改めてスターリンとは何者だったのか考えることを課題としている。言い換えれば、ロシア国民の少なからぬ人々が今もなおスターリンに思いをはせ、愛着の気持ちを抱くのはなぜなのか、彼の人生を改めてたどることによって考察することを目指している。言うまでもなくそれは、農業集団化に伴う飢餓《きが》や大粛清といった暗い過去をバラ色に脚色するためではない。そうした事実を事実として認めている現在のロシア人が、それでもなおスターリンを一方的に断罪するのは正しくないとみなしている以上、彼を知らないのは彼らではなく、私たちかもしれないと考えるのである。言い換えれば、私たちはどこまでスターリンを知っているのかと問い直すのである。

本書は未公刊の史料に基づいて書かれたものではない。それでも、ソ連崩壊後に刊行された多くの史料を努めて利用した。現在の出版洪水の中では、時には専門の歴史家たちが見落とすほど多くの史料が公刊されている。またそれと同時に、大きな木の根が地中に広がるように、どこにどのように伸びているのか定かでない個々の歴史家の専門的研究についても、できるかぎり目を配り、積み上げられてきた研究成果を取り入れることを目指した。

かつて日本のある知識人は、今の日本人はソ連を通して共産主義とは何かという問題を考え、共産主義を通してソ連とはいかなる国か考える以外にないのだと書いた。そのひそみにならって言えば、本書はスターリンを通じてロシアという国を理解し、ロシアという国を通じてスターリンを理解しようとする試みである。時代によって課題は異なるが、北方に位置する国を理解しようとする意図は同じである。

スターリン　目次

シ　ベ　リ　ア
樺太
(サハリン)
アチンスク
クラスノヤルスク
イルクーツク
ハルビン
張鼓峰
(ハサン湖)
ノモンハン
旅順

ソ連関連地図（第二次世界大戦開戦前）

リトアニア
ラトヴィア
エストニア
フィンランド
ドイツ
バルト海
フィン湾
チェコスロヴァキア
ポーランド
レニングラード
（←ペトログラード←ペテルブルグ）
スモレンスク
モスクワ
ウクライナ
ヴォルガ地域
ノヴゴロド
クルスク
トゥルハンスク
ウラル山脈
ペルミ
ペンザ
ポヴォリノ
ウリヤノフスク
マグニトゴルスク
黒海
クリミア半島
シャフトゥイ
クイブイシェフ
トムスク
オレンブルグ
スターリングラード
（←ツァリーツィン）
クズネツク盆地
カザフスタン
カスピ海
カフカース
（別図）
ウズベキスタン
アルマ・アタ
トルクメニスタン
キルギスタン
タジキスタン

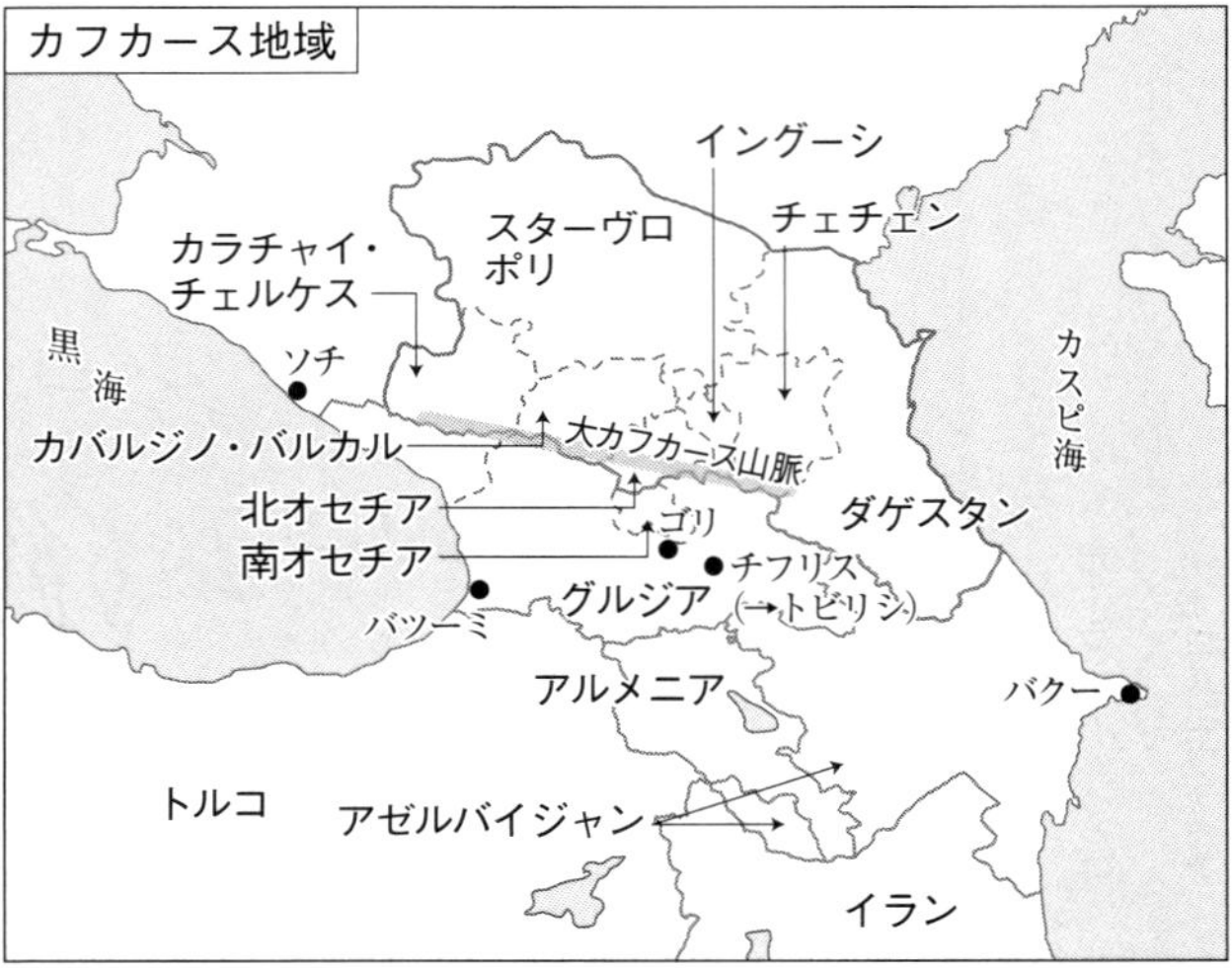

カフカース地域
イングーシ
スターヴロ
ポリ
チェチェン
カラチャイ・
チェルケス
黒
海
ソチ
カスピ海
カバルジノ・バルカル
大カフカース山脈
北オセチア
ダゲスタン
ゴリ
南オセチア
チフリス
(→トビリシ)
グルジア
バツーミ
アルメニア
バクー
トルコ
アゼルバイジャン
イラン

スターリン

「非道の独裁者」の実像

第1章　ゴリの少年

不明瞭な生い立ち

スターリンとは何者だったのか。伝記につきものの歴史的背景や地理的説明は後回しにして、彼の生い立ちにまつわる問題から見ていくことにしよう。

まず、スターリンの生年は二説ある。すなわち長くソ連共産党の公式文書では、スターリンは一八七九年一二月二一日（当時のロシアの暦では一二月九日）に生まれたとされてきた。

しかしソ連の崩壊が迫った一九九〇年になって、当時発行されていた雑誌『ソ連共産党中央委員会通報』に、生地グルジアのゴリにあるウスペンスキー大聖堂の戸籍簿には彼の出生は一八七八年一二月一八日（同、六日）、洗礼は一二月二九日（同、一七日）と記載されていると伝える記事が写真つきで掲載された。

この記事は、スターリンが一八九四年にゴリの正教会教会学校を卒業した際に出された証明書のみならず、帝政時代に彼をお尋ね者として追い回した官憲の文書までも、一八七八年をもって彼の生年としていたことを付け加えていた。だが同じ記事はまた、一九二〇年代半ば以降に出された共産党の公式文書ではスターリンの出生年を一八七九年と記すようになった事実を伝え、それとともにスターリン本人がこの修正を確認したはずだとも記していた。つまり、彼の生年月日は二つある。どちらが正しいのか、どうしてこのようなことが起こったのか、今となっては誰も説明を与えることができないのである。

スターリンの生い立ちにまつわる不明瞭《ふめいりょう》さは、他にも見られる。たとえば彼の両親についてである。通常は、スターリンは、ロシア帝国南部のグルジアに農奴として生まれ、農奴解放後に成人して靴職人になったヴィッサリオン・イヴァノヴィチ・ジュガシヴィリ（一八五〇?～一九〇九?）と、グルジアの異なる村で農奴の娘として生まれたエカチェリーナ・ゲオルギエヴナ・ゲラッゼ（一八六〇?～一九三七）の子供として生まれたとされている。さらに言えば、父親の祖父はゴリから遠くないところにある南オセチアの村に生まれたオセット人だったと言われている。ここから、スターリンはグルジア人ではなく、オセット人であったという説が出ている。当時のグルジアには、グルジア人とオセット人ばかりか、アルメニア人、ユダヤ人、ロシア人などがともに暮らしていた。この環境で、スターリンの父親も母親もグルジア語以外の言葉を知らなかった。確かではないが、おそらくヴィッサリオンは自分を普通のグルジア人だと考えていたのであろう。

母親の支えで勉強に励む

いずれにせよ、ロシア帝国の辺境に住む貧しい夫婦の子供であったスターリンが、どうしてロシア語教育を受けつつ四年制のゴリ教会学校に通い、さらに当時のグルジアの中心都市チフリス（現トビリシ）にあった神学校に進学できたのかという疑問から、彼の父親は戸籍のそれと別人ではなかったかという疑問が早い時期から出回っている。

実際、後のスターリン、つまりヨシフ・ヴィッサリオノヴィチ・ジュガシヴィリ（愛称ソソ）をゴリの学校に通わせるのでさえジュガシヴィリの家には大変な負担で、彼は月三ルーブルの奨学金を得て通学した。そればかりか、母親は学校の給仕婦として僅《わず》かな給与を受けとり、子供をこの学校に通わせたのである。それにもかかわらず、ヨシフは一八九四年六月に教会学校を卒業後、聖職者を育成する神学校に進学した。これは貧しい靴職人の子供としては異例のことであった。このような事情を重視する研究者は、彼の本当の父親は靴職人の

スターリンの母、ケケ

ヴィッサリオンではなかったはずだと主張してきた。なかでも有力とされてきたのは、ゴリの金持ちの商人ヤコフ・エグナタシヴィリが彼の父親だったとする説である。スターリンの母親が家計を維持するためにその家で家政婦として働いていたので、そのときに二人に関係ができたのだというのである。

言うまでもなく、何もそのような話を裏付ける証拠はない。にもかかわらず、この説はスターリンという人物を神秘化するために、あるいは彼の素性の曖昧《あいまい》さを強調するために、まことしやかに伝えられてきた。わかっているのは、スターリンは父親よりも母親のおかげで、稼ぎの悪い職人の子供にしては不釣り合いな教育を受けたという事実だけである。

後年、スターリンがすでにソ連という国家の押しも押されもせぬ指導者になっていた一九三五年一〇月に、彼の母親（愛称ケケ）はソ連共産党の機関紙『プラウダ』のインタビューに答えて、次のように息子の少年時代について語った。

「実際には私にはソソの他に二人息子がいました。二人とも早くに亡くなって、残ったのはあの子一人でした」。「思えば、私は教育を与えたくて、（ゴリにあった）学校に送りました。

非常によく勉強ができました。しかし、父親である亡くなった夫のヴィッサリオンは、彼に靴職人としての技術を仕込むために、学校から取り戻そうとしました。私はできるかぎり反対し、争いました。しかし、どうにもならず、夫は自分の考えを押し通しました。それでも少し後に、私は再び彼を学校に送ることに成功し、彼はそこで一番の優等生と評価されました。奨学金月額三ルーブルを与えられたのです」

確かに、一九三〇年代のソ連の新聞に、スターリンについて脚色なしの報道がなされていたはずはない。多くの記事は厳しい検閲体制の下で入念に意味内容を検討して掲載された。この記事もスターリンの貧窮の生い立ちと母と子の愛情に満ちた関係を記して、国民の中に彼に対する親近感を生み出す意図で書かれたものであろう。あるいは、スターリンに気に入られようとして、取り巻きが仕組んだものかもしれない。

しかし、まだ彼の少年時代を知る人々が多く残る時代のインタビューであるから、そこに書かれたことをすべて根も葉もない話だと片づけることはできないだろう。おそらくは、この記事から浮かび上がってくる気丈な母親と彼女の支えで懸命に勉強に励んだソソの姿は、彼らの一面を伝えていると見て間違いないだろう。多くの回想も、母親のケケが、インタビューにある通り、息子を学校に行かせる必要などないと考える夫ヴィッサリオンの主張に従わず、何とか息子に夫と異なる道を歩ませたいと考えていたこと、そしてヴィッサリオンは

学校の仲間たちと。最後列右から３番目がスターリン（ソソ）

結婚当初は腕のよい職人だったが、やがて大酒飲みになり、ソソが神学校に上がった頃にはすでに家庭に居つかなくなっていたことを伝えている。ヨシフより先に生まれた二人の子供を喪《うしな》い、ただ一人生き残った息子の将来を考えるとき、無学で信心深い母親は、彼が教会で働く姿を夢見たのである。そこに特別なものはないように見える。

しかも別の信憑性《しんぴょうせい》の高い史料は、少年時代のスターリンが周りの子供よりも利発で、向上心を持っていたことを証明している。たとえば、彼が教会学校卒業時に残した成績表である。それは、「旧約聖書抜粋…五、新約聖書抜粋…五、正教会教理問答…五、教会規則を含む祈禱《きとう》の説明…五、教会スラヴ語を含むロシア語…五、ギリシャ語…四（大変良い）、グルジア語…五（優等）、算数…四（大変良い）、地理…五、習字…五、教会歌唱（ロシア語）…五、（グルジア語）…五」というものであった。言うまでもなく、彼はこの学校を成績優等で卒業した。母親がこの子は何かを成し遂げる特別な才能を持っていると考え、夫に逆らってでも学校に通わせようと考えたのは、何も不思議ではなかったのである。

幼友達の回想は信頼できるか

一九二〇年代半ばからスターリンがソ連の指導者として台頭してくると、彼の少年時代について語る回想が少しずつ出版されるようになった。そうした回想を利用した研究の中には、スターリンが少年期からすでに父親と同じように暴力的で、しかも悪賢く、時に尊大に振舞っていたと評するものがある。こうした書物は、彼が早くから暴君となる資質を見せていたと主張したいようである。どちらかと言えば、この種の説明は、ソ連（ロシア）以外で出版されたスターリンについての回想や研究に広く見られる。おそらくこうした史料の中で最も頻繁に利用されているのは、イレマシヴィリという名前のスターリンの幼友達が、一九三一年にドイツで出版した回想である。そこには次のような記述がある。

「理由もなく父親からひどい殴打を受けたことで、少年は父親と同じような、荒々しく、無慈悲な人間になった。力があることで、また年長であることで他人に君臨しようとする者は、皆父親に似ていると彼には思えた。彼は何らかの形で彼を支配したすべての者に対して、復讐《ふく》心を募らせた。若い時分から、スターリンにとって復讐《しゅう》を成し遂げることがすべての力を傾注する目的となった」

この文章を読むと、イレマシヴィリは非凡な観察力を持つ人物だったという印象を受ける。それほどにこの文章は、早くからスターリンの後年の姿を予見している。しかしこれがそのまま真実だとすると、暴力的傾向を持ち、周囲の年長者や権力者に復讐を考える子供が、どうして教会学校に通うための奨学金を受け続けることができたのか、不思議な気がする。写真によれば、ソソは明らかに周囲の者より身体が小さく、ここにあるような陰険な行動をとれば、すぐに人目を引いたに違いない。それともソソとケケ母子を助けた人々は、あまりにひどいヴィッサリオンの振る舞いを見て、ソソの素行の悪さに目をつむったということだろうか。あるいは、ソソの学業があまりに抜きんでていたので、周囲の者が彼の性質の悪い部分を努めて無視したということなのか。

むしろ、イレマシヴィリという人物が、ソ連共産党の敵対勢力であったメンシェヴィキ党に属したことを重視すれば、彼は一九二〇年代末のソ連の暴力的な転換に注目して、それに合わせてスターリンの少年時代を脚色したのではあるまいか。この回想が出た時点ですでにソ連は、スターリンの断固たる指示に従って工業化の途を突き進んでいた。この事実をイレマシヴィリは、スターリンの幼少期の抜け目のない、しかも時に乱暴な振る舞いと結びつけたのではあるまいか。少なくとも、イレマシヴィリが強調したスターリンの復讐心は、そればかりを見るのではなく、彼の他の要素と併せて見る必要があるだろう。

タッカーの性格分析

このような疑問は、スターリンの血筋と家庭環境を重視する歴史家たちの中で、特に踏み込んだ解釈を示したアメリカの研究者ロバート・タッカーの研究についてもあてはまる。プリンストン大学教授だったタッカーが、多くの聞き書きを基にして書いたスターリン伝は一九七〇年代以降のアメリカで一世を風靡《ふうび》し、今でもスターリン研究の基本文献とされているので、少しその内容を紹介しておこう。そこでは次のような主張がなされている。

ソソ（スターリン）は、早世した兄弟とは異なり、彼だけが生き残って母親の愛情を受ける者となった。精神病理学者のフロイトは、母親の極度の愛情を受けて育った人間は、生涯にわたり征服者の感覚、つまりしばしば本当の成功に導く自己の運命への確信を持つようになると述べたが、まさにその通りだった。ソソは、母親の愛情と高い評価を一身にあび続けたことで、彼女が託した大きなことを実現する能力が自分に備わっていると考えるようになった。彼は母親に理想の子供として扱われるうちに、学校でも一つのミスも犯さないように努めるようになった。事実、学校の記録も彼が早くから強い自信に満ち、自分が正しいという意識や他の者を凌駕《りょうが》したいという衝動を持っていたと証言している。

他方で、ソソは父親の存在によっても大きな影響を受けていた。彼は母親とともに、酔った父親に暴力をふるわれる日々を過ごしたことから、父親を憎み、復讐心を心の奥に潜める少年として育った。幼少時に彼は、孤独で無力感を抱く者に生じる不安感の中にあったので、心の平静を確保するために自らを理想化した。そのようにして創り出した自分こそ本当の自分だと考えた。そして彼は、全精力を自分がそうした理想的人物であることを証明し、他者にそれを認めさせることに注いだ。

実際、ソソが好んで読んだ小説は、グルジアの作家アレクサンドル・カズベギ（一八四八〜九三）が書いた冒険小説であった。その小説は、ロシア帝国の支配がカフカース（ロシア南方のカスピ海と黒海に挟まれた地域）全土に及んだ一九世紀を舞台にして、ロシアの支配を強化しようとするカフカース太守《たいしゅ》の軍と戦うグルジア人の義賊を描くものだった。帝国の支配に粘り強く抵抗する山岳民のために、身の危険もかえりみず奔走するグルジア版ロビン・フッドこそ子供時代のソソが夢中になった英雄だった。彼は後に革命家として活動するようになると、その英雄の名前である「コーバ」を自分の通り名とした。言うまでもなく、スターリン（鋼鉄の人）という名前を使うようになる前の話である。「コーバ」にしろ「スターリン」にしろ、それはこの人物が強い英雄崇拝の傾向を持っていたことを証明している。

タッカーは以上のように、スターリンの少年期に刻印された心理的特性を分析した後に、彼は理想化した自分と実際の自分の間の落差を絶えず意識し、前者であることを証明するために社会主義社会の建設という「歴史的偉業」の実現を図ったのだと主張している。

これは説得力のある性格分析である。特に幼少期のソソに芽生えていた英雄崇拝については、誰もこの指摘を全面的には否定できないであろう。だがその反面で、タッカーがスターリンの性格形成を少年期以降の経験と完全に切り離して論じていることには疑問を感じざるをえない。遺伝子と幼少年期の環境が、その人物の性格形成に大きな影響を与えることは否定できないが、それにしても人は幼少年期の経験ばかりか、青年期の経験からも、さらには成人になってからの経験によってさえも大きな影響を受けるものである。青年になってから受けた重大な経験で、人間性が一変することもある。

興味深いことに、旧ソ連地域の研究者の中に同様に考えて、タッカーの議論を正面から批判する者が出ている。その代表格がニコライ・カプチェンコである。彼は、タッカーたちの解釈はあまりに一九世紀末以降のロシア帝国がたどった矛盾に満ちた歴史過程を無視していると主張する。この複雑な歴史が、スターリンという特異な人物を生み出した要因だったと言うのである。確かに、スターリンの家庭環境は恵まれたものとは言えなかったが、日々の生活に疲れた父親が憂さを晴らすために酒を飲み、家族に暴力をふるうという程度であれば、当時のロシア帝国の至る所で目撃された光景だった。同じような悩みを抱え、母親の助けだけで少年期を過ごした頭のよい子はたくさんいたはずである。にもかかわらず、彼らの中からスターリンのような人間は生まれてこなかった。こうした事実をタッカーは無視し、少ない史料を利用して、さして珍しくもないスターリンの幼少年期の経験を過度に強調し、後年の彼の姿を幼少年期の中に見出そうとしたというのである。これは無視できない批判だと思われる。

母と子の手紙

ところで、スターリンの少年時代という枠組みからは少し外れるが、関連する問題であるので、スターリンと母親との関係についてもここで見ておこう。この点でしばしば指摘されてきたのは、スターリンが本格的に革命運動に従事し始めた十代の終わりから、二人の関係はよくなかったという説である。たとえば、彼はあまり母親に会おうとせず、亡くなったときも、その葬式に参加しなかったというのである。先に述べた通り、彼が事実上、母子家庭で育ったことを考えれば、これは確かに普通でない。そこで、母親への愛情のなさこそ彼の本質を物語っているというのである。

確かに、このエピソードにはスターリンの資質を考える上で無視できないものがある。しかし、彼が革命運動に従事するようになって、母親ケケとの関係が希薄になったというのはまったく事実ではなかった。ケケは、息子が彼女の願いを無視して革命運動に従事するようになっても、彼をかばい続けた。彼女は息子に会うために収容されていたバツーミの監獄まで出かけたし、流刑先のシベリアにある息子に手紙も書き送った。二人の間に長く母と子の関係が維持されていた事実は、一九九三年になってロシアで公刊された『家族の抱擁《ほうよう》の中のヨシフ・スターリン』という小冊子によって明瞭に示されている。この小冊子は一九二二年からスターリンが亡くなる一九五三年までの間、彼の家族の間で交わされていた手紙を史料集の形でまとめたものである。以下、そこに収録された手紙の中で、スターリンと彼の母親との関係を伝えるものをいくつか紹介しておこう。

「お母さん、手紙は受けとった。健康で元気でいて。近いうちに会えるよ。長生きしておくれ。キスを送ります。ナージャ（二人目の妻のナデェージュダ・アリルーエヴァのこと―引用者）からもよろしくとのこと。あなたのソソより」（一九二三年二月二六日付）

「ご機嫌いかが。母さん。長い間、あなたから手紙を受けとっていません。きっと、腹を立てているのでしょう。でもどうにもならない。本当にとても忙しい。一五〇ルーブル、送ります。これ以上はできません。もしお金が必要になったら、知らせてください。できるかぎり送るから。みなさんによろしく。ナージャからもご機嫌よろしくとのこと。達者で暮らしてください。あなたのソソより」（一九二九年四月二五日付）

同書に収録された手紙はあまり多くないし、しかも短い。そのために、同書を読んだ研究者の中には、手紙はまったく形式的なものに過ぎないとみなす研究者もいる。たとえば、イギリスの著名なロシア経済史家ディヴィスはこのような解釈を表明している。

しかし、この見方は奇妙なほどに一方的である。手紙を交わす習慣のなかった母子にとって、大人になってから長い手紙をやり取りする方が不思議であった。むしろ両者の関係が意外なほど緊密であったことを示唆しているのは、これらの手紙がいずれもグルジア語で書かれている点である。スターリンはわざわざ母親が読めるように、自分の生活では使わなくなっていたグルジア文字を用いたのである。

妻から義母への手紙

また、スターリンが手紙を書かなかった時期に、代わりに妻のナデェージュダが比較的長い手紙を送っている事実も併せて考えるべきであろう。彼女の手紙は一九二二年に始まり、彼女が自殺する年（一九三二年）の前年まで続いており、その内容は非常に家庭的な雰囲気を漂わせていた。そのことを示すために、一九二二年一〇月八日にナデェージュダがスターリンの母親に送った手紙を訳出してみよう。それは次のようなものであった。

「親愛なるお母さん。今日まで一本も手紙を送らなかったこと、大変すまないと思っています。怒られないように、すべてを特別に詳細に書きます。

もちろん、ヨシフの健康と生活について何よりも気にされていると思います。彼については、まったく健康そのものだと言えます。具合がよさそうで、夏の間にとても回復しました。これは毎週三日の予定で農村に行っていたからです。そこでとてもよく面倒を見てくれたので、今では彼は気分よく過ごしています。私はこの村に行ってきたところですが、カフカースよりも気に入りました。彼は私がいないとすぐに病気になるのですが、今はもうそうしたことも繰り返していません。彼は私に、お母さんに心からのキスを送るよう言いました。今のところ、もうこれ以上彼について書くことはできません。こちらに住んでからの一ヵ月間、何も特別なことが起こらなかったからです。

今度はヤーシ（ヤコフの愛称、スターリンと先妻エカチェリーナ・スヴァニッゼ〔カト〕の間にできた子—引用者、以下同じ）とワーシ（ワシーリーの愛称、スターリンとアリューエヴァの子）のことを書きます。ヤーシはもうずいぶん前から学校に通っています。一人では難しいのですが、まあまあよくやっています。ヨシフが彼のために家庭教師を雇うのを禁じたので、一人で苦しんでいますが、まあまあ気分よく過ごしています。（中略）

モスクワでのワーシちゃんは、カフカースにいたときとまったく違います。すっかり元気になって、一度も病気になっていません。よく食べて、もう肉の揚げ物、それにおかゆとキーセリ（食後の飲み物）も食べます。（中略）次に私のことを少し書きます。私は九月一日から働いており、健康そのものです。セルゴ（オルジョニキッゼ、スターリンの古くからの仲間、一八八六～一九三七）とジーナ（セルゴ・オルジョニキッゼの妻）は、私がこの間に健康をすっかり回復したと言っています。（中略）

もう他に何も書けないぐらいすべて書いたと思います。また今度、手紙を書きます。大好きなお母さんに、心からのキスを送ります。健康をお祈りします。私に、どのように暮らしているのか知らせてください。私はお母さんの手紙を受けとって、とても満足している皆様に、私からよろしくとお伝えください。もう一度、心からご挨拶《あいさつ》します。

私とワーシちゃんからお母さんに心からのキスを送ります。あなたのナージャより」

こうした手紙の内容は、スターリンとナデェージュダの娘スヴェトラーナがスターリン死後に出版した回想の内容ともよく符合している。そこから浮かび上がってくるのは、ごく普通の家庭である。スターリンが母親に宛《あ》てた手紙は確かにどれも短いが、それは二人の間に複雑な対立関係があったからだと結論づけられるものではなかった。第5章以下で述べるように、一九二〇年代から三〇年代の時期のスターリンは、権力闘争と結びついた政務に明け暮れる生活を送っていた。母親の葬式に出なかったという事件にしても、このことを抜きにして考えることはできないだろう。

つまり、これらの手紙は、確かにスターリンが特別に母親思いの人間であったことまで証明するものではないが、少なくとも彼が母に対する人間的感情を喪失した人物だったという主張を否定しているのである。スターリンの心の中に、常に政治へと駆り立てる強い力があったことは事実だが、それは彼の人格全体を規定していたわけではなかった。

付言すれば、イーゴリ・オボレンスキーというロシアの作家がスターリンの母親について書いた一文によれば、スターリンが彼女に宛てた手紙は前記の書簡集に収められたもの以外にもいくつか存在する。どうやらグルジアの文書館に保存されている手紙は、この書簡集に加えられていないのである。言うまでもなく、一九六〇年代から八〇年代にかけてスターリン伝を書いたタッカーはこのような手紙が存在する事実すら知らなかった。

二編の詩

スターリンの少年期の出来事で、やはりソ連崩壊前後から注目されるようになったのは、彼が教会学校からチフリスの神学校に進学した頃に書いたと見られる数編の詩である。スターリンが詩を書いていたことは一九三〇年代から知られていた。グルジア語で書かれた彼の詩は、すでにスターリン在世中に一部ながらロシア語訳され、広く紹介されていたからである。しかし、第二次大戦直後からソ連において鳴り物入りで『スターリン全集』が刊行されたときに、これらの詩はそこに収録されなかった。このために、詩の内容については、たとえばスターリン伝の先駆的業績として知られる歴史家アイザック・ドイッチャー執筆の伝記でも、また先に挙げたタッカーの研究段階でも十分に検討されなかった。

しかし、この状況は近年では大きく変化している。スターリン死後長く中断していた『スターリン全集』の刊行が、ソ連崩壊後にロシアの研究者たちの手によって再開されると、そこに六編の詩が収録されたのである。このような状況のため、その後は、これらの詩の本当の作者はスターリンではないとする説がほとんど聞かれなくなった。それどころか、スターリンという人物の幼少期の資質を示す材料として評価されるようになったのである。そこで、詩の芸術的な価値を伝えることは難しいが、その内容だけでも紹介しておこう。本章では二編だけ訳出してみる。まず「朝」と題された詩である。

「朝」
バラのつぼみが開き
スミレの花に寄り添った
スズランがそよ風に目覚め
草の上に身を寄せた

ヒバリは青い空に舞い上がり
雲の上高く歌った
ナイチンゲールは茂みの中より
優しい声で子らに歌った

『花開け　わがグルジアよ
故郷の地に、安らぎよあれかしと
学びをもって　友よ
われらの国を知らしめよ』と

この詩は一八九五年にグルジア語の新聞『イヴェリヤ』に、「ソセロ」という筆名で掲載された。発表年以前に書かれたことは確かだが、正確な作成時期は不明である。この詩はどのように読んだとしても、文才のある少年が祖国グルジアを思い歌ったものである。文学的な価値については評価し難いが、非常に優等生的な作品に見える。読むうちに、雪を頂く山々を背景にして、果樹林と草原が広がる自然豊かな景色が浮かび上がってくる。詩のどこかにグルジアの人々の連帯感が意識されている。この詩が一九一二年に刊行されたグルジア語の子供向け入門書に再録され、愛唱されたというのも無理がないように見える。それほど、後年のスターリンのイメージに合わないものである。それでも彼の詩であることは確かである。一九三五年に書かれたとされるスターリンの母親の回想にも、ソソは「非常に花を愛した、特にカミルレを」という一文がある（この短い回想は、グルジアで発掘され、先に挙げたオボレンスキーの本の中に、ロシア語訳され収録されている）。

「朝」をあえて政治的に読めば、底流にグルジア・ナショナリズムがあるように見える。この点はスターリンの資質を考えるときに無視できない問題である。

少年期のスターリンのグルジア・ナショナリズムとの関連を考えるには、彼のもう一つの詩を併せて見る必要があろう。彼が「朝」と同じ年に、同じ新聞に発表した、グルジアの詩人ラファエル・エリスタヴィ（一八二四～一九〇二）を顕彰した詩である。こちらは、「朝」よりも鮮明にナショナリズムを打ち出しているからである。詩を捧《ささ》げられたエリスタヴィは貴族出身の文人で、農民の苦悩を綴《つづ》った詩作によって当時のグルジアにおいて有名であった。そのエリスタヴィを称《たた》えて、ソソは次のような内容の詩を書いた。

「詩人にして農作業を歌にした、ラファエル・エリスタヴィ公に献じる」

辛い農民の運命に
詩人よ、あなたは涙するほど胸打たれた
そのときから、少なからぬ苦しみに
あなたは深く身をよじられた

素晴らしい故郷に
歓喜し、胸躍らせたとき
あなたの詩が響いた
さながら、天空から降り注ぐかのように

祖国への思いに心打たれたとき
聖なる竪琴《たてごと》の弦に触れた
あなたは自らの夢を捧げた
さながら、恋に落ちた若者のように

そのときから、民とあなたは

愛の絆《きずな》で一つに結ばれた
すべてのグルジア人の心の内に
あなたは自らに記念碑を建てた

祖国の詩人の苦心の作に
誉《ま》れを与えねばならぬ
撒かれた種は地中に根をはり
稔《みの》りを得るばかりになっているから

民があなたを称えたのは、無駄ではない
あなたは時を超え、果てしなく生き続ける
われらの国よ、
息子たちをエリスタヴィのごとく育てよ

この詩は、貧しい農民に同情するエリスタヴィを通して、グルジア・ナショナリズムを謳《うた》い上げたものであろう。一一世紀から一三世紀にかけてグルジアは連合王国として黄金期を迎えた。その時以来、グルジアの知識人の中では、自らの文化が連綿と続いていると考えられていた。ソソの二つの詩に共通して見られるのは、そうした過去から受け継がれてきた文化に基づく連帯感である。かつて隆盛を極めたグルジアは、その後いくつもの帝国に支配され、小さな地域に分割され、相互の結びつきを弱めたと考えられていた。一九世紀半ばになって、このように考える知識人たちが、自分たちの民族の文化的一体感を取り戻そうと努めるようになった（新聞名の『イヴェリヤ』は、ギリシャやローマの文献に出てくる東グルジアの古い呼び名「イベリヤ」からとったものと思われる）。

グルジア・ナショナリズム

しかし、ここではいくつも注意が必要である。第一に、このグルジア・ナショナリズムは次章で述べるように、必ずしもロシア帝国からの離脱を目指す運動ではなかった。ソソの詩はこうした文化的ナショナリストたちの姿を反映していたと見るべきだろう。少年ソソは早くからロシア語を習得しようとしていたが、グルジアの復興を考える知識人たちから見れば、彼はグルジア・ナショナリズムを継承する優等生だったのである。

第二に、それでもソソがグルジア・ナショナリズムに深く染まっていたと考えるべきではないだろう。彼の生い立ちはグルジア人の貴族と同じ共同体に属しているという意識を育《はぐく》むものではなかった。エリスタヴィ公の農民に捧げた人生を、庶民の家庭に育ったソソが賛美するという構造はどう見ても学校時代のもので、長続きするはずのないものだった。

　第三に、やがてスターリンとなる人物が、家族以外の人間的共同体に属していると実感したとすれば、おそらく、このグルジア・ナショナリズムを媒介にしたそれが最初のものであった。ソ連の指導者となった彼の周りに、オルジョニキッゼやエヌキッゼ（一八七七〜一九三七）、ベリヤ（一八九九〜一九五三）、ミコヤン（一八九五〜一九七八）など、カフカース出身の者が比較的多く集まったのは、このことと無関係ではなかったであろう。カフカースという土地については次章で改めて説明するので、ここではスラヴ系ではない民族（グルジア人、アルメニア人など）が住む独自の風俗習慣を持つ地域という程度の解説で済ませておきたい。いずれにせよ、スターリンの二度の結婚が、一度目はグルジア人の娘とであり、二度目はアゼルバイジャンのバクーに生まれたロシア人の娘とであったことも、彼とこの地域に住む人々との結びつきを示している。やがてスターリンは、革命家の集団である共産党と自分が創り出す「ソヴィエト国民」について、あたかも特別な絆を持つ集団であるかのごとく語るのであるが、ともに心の底から湧《わ》き起こる帰属意識ではなかったと考えられる。

　一八九五年にソソが発表した詩は全部で五編だが、その中には「朝」や「エリスタヴィ」と異なる方向を持つものもある。たとえば、彼は月に向かい、自らの思いを吐露する詩を二編書いている。それはスターリンが、神学校で意気消沈するような出来事を繰り返し経験していたことを示唆している。しかしそうした詩においても、しばしば想定されるような「復讐」のテーマや、後の「革命家」の世界につながる激情的なものは何も見出すことができない。むしろ、月をテーマにした詩は静寂な世界の中で自省する少年の姿を浮かび上がらせている。一八九五年に発表された他の一編は、「偉大な真理」や「崇高な夢」を説く者が、民衆に「お前の歌は我々に無縁だ、お前の真実は我々には必要ない」と言われて、毒杯を飲むよう迫られる場面を描いている。一見すると、未来の彼を意識していたように見える。しかしそれは、どこかで読んだソクラテスの逸話を翻案して書いたような薄っぺらな印象を与える。ソソは勉強するにつれて、少年時代に彼の周囲にいた庶民と自分の間に溝ができていることを意識するようになったのであろう。

ソソの多面性

以上のような詩や確かな史料に残る姿と比較すると、スターリンの誕生から少年期を知る者の回想は、ほとんどが取り留めのないエピソードばかりを伝えているように見える。少なくとも、彼が当時、何を感じ、何を考えていたのか、明らかにするというより、あらかじめ用意した人格を少年時代の彼に投影し、それに合わせて紡ぎ出した「回想」のように思われる。たとえば、そのうちのあるものは、彼が少年時代を過ごしたゴリの町は、酒と祈りと喧《けん》嘩《か》に明け暮れる悪名高い場所だったといい、そこでやがてスターリンになる少年も父親の暴力的体質を引き継ぎ、周囲の者との諍《いさか》いを繰り返していたと記している。

このような「事実」を証言する者は、後のスターリンになる人物が、早くから暴力的で、権力志向の強い少年だったと言いたいようである。実際、一部の作家は、この種のエピソードばかりを集めて、ソソの時代のスターリンは少年時代から非常に悪童であったばかりか、途方もない野心を心に秘めた特異なタイプの少年だったと主張している。たとえばアメリカの歴史小説家モンテフィオーリのスターリン伝は、そうした書物の典型であろう。

しかし、引用した彼の学校での成績や、前記のごとき詩、そして後年になって彼の家族の間で交わされていた手紙などを読むと、通俗的に指摘される彼の性格と非常に異なるものがこの人物の内にあったと認めざるをえないだろう。確かに、多くの回想と後の彼の行動から見て、スターリンは父親がふるう暴力に怯《おび》えた幼少期に、人間関係は根底において力の優劣によって支配されているとする認識を心に刻み込んだかもしれない。しかし、明らかにそれが彼のすべてではなかった。少年期の彼には、それとは別に、母親との絆とそれに付随する愛情としか言いようのないものが埋め込まれていた。また、グルジアの文化的ナショナリズムに向かう感性があった。彼の書いた詩が広く受け入れられた事実は、彼に多くの人々と共感する感情が備わっていたことを示している（彼が後にロシア語で書いた文章では、そうした特質はまったくうかがえなくなっていた）。

周囲の知識人は彼の詩を高く評価しており、当然ながらこの事実は、幼いソソと彼の母親に自信と誇りを与えたはずである。けっしてタッカーが言うように、母親の愛情だけが彼に肥大した自尊心を植え付けたわけではなかったのである。

さらにあまり確かではないが、ここで付け加えれば、ソソの書いた詩にはロシアの詩聖プーシキンの詩を模倣したように見える箇所がある。たとえば先に訳出したエリスタヴィ公に捧げた詩の「あなたは自らに記念碑を建てた」というフレーズは、プーシキンの晩年の詩「あなたは自分に、人わざではない記念碑を建てた」を下敷きにしているように見える。スターリンがどのようにして作詩術を学んだのかという問題は、現在のところまだ不十分にしか研究されていない。

以上から出てくる結論は、この人物は、これまで想像されてきた以上に豊かで多面的な才能を有していたということである。この後、人生の荒波を経ることによって、彼の才能の一部が磨かれ、また新たなものが加わり、荒々しい相貌《そうぼう》を生み出したとしか考えられないのである。以下では、その過程がどのようなものであったか、見ることにしよう。

第2章　カフカースの革命家

限られた政治参加

初めに、この章の表題にある「革命家」と「カフカース」について語る必要がある。まず「革命家」という言葉は、人によってかなり異なるイメージを引き起こす。この言葉で理想の実現に命を賭《か》ける若者を思い浮かべる人もいれば、閉鎖的な集団に属して、手段を選ばずに体制の打倒を目指す暗いニヒリストを想起する人もいる。若き日のスターリンはしばしば後者の典型とみなされてきた。

だが、ここには注意すべきことがある。それは、ちょうどスターリンが生まれ育った時代のロシアにあっては、「革命家」はけっして社会から遊離した存在ではなかったという事実である。そのことは、ロシア帝国の政治に関わる二つの事実と密接に関連していた。その第一は、そもそも当時のロシアにあっては、政治に関与できる者がごく少数だったという事実である。ロシアには一九〇六年まで、民衆が選出する議員から成る議会は存在しなかった。ツァーリ（皇帝）に選ばれた者だけが政治に参画したのである。

さらにこの体制では、ツァーリたちが相手にしていた人々も限られていた。ツァーリと臣民はお互いを親子のように受けとめていたが、ツァーリが政治を行うにあたって実際にその意向を意識したのは、貴族や有力商人、知識人など、社会の上層部だけであった。

ロシアの社会史家ミローノフは、こうした人々が社会全体の中で占める割合を目安として示している。それによれば、一八七〇年から一八九二年に国内でその意向を考慮された上層社会は全体の一〇パーセント程度、一八九三年から一九〇五年では七パーセント、そして一九〇六年から一九一七年までの時期では一六パーセント以下だったという。ここで画期にされているのは、明らかに大きな改革がなされた年である。まず一八七〇年というのは、都市に資産階級が選出する市会を設置することが決まった年である。都市以外の地方には一八六四年以来、地方自治機関ゼムストヴォが設置されていたので、このとき以降、国内の過半の地域で資産階級はその政治的意見を表明することができるようになった。また、一八九三年というのは、一八九〇年に地方自治機関ゼムストヴォの選挙法が、そして一八九二年に市会の選挙法が改正されて、選挙参加者が削減された事実を考慮したものである。そして一九〇六年は、ロシアにおいて初めて選挙制の議会（ドゥーマ〔国家会議〕）が開設された年である。そのときになっても人口の一六パーセント以下に過ぎなかったというのは、国家会議の選挙に参加する資格がかなり厳しかったからである。以上からわかるように、ロシアでは一九世紀から二〇世紀にかけての数十年間でも、社会の圧倒的多数は国家レベルの政治はもちろん、地方レベルの政治にさえも無縁で生きていたのである。

ナロードニキ運動

考慮されねばならない第二の事実は、当時のロシアでは、「革命家」となることを選択しなかった知的エリート層の中にも、ツァーリの支配に不満を抱く者がかなりいたという点である。ロシアは一九世紀半ばのクリミア戦争で、近代的装備を持つイギリスとフランスの軍に屈服し、内外に後進的な国家であることを暴露した。このために、戦争の最終段階に即位したアレクサンドル二世（一八一八〜八一）は、戦後まもなく後進性のシンボルとなっていた農奴制の改革に着手した。結局、一八六〇年代初めに領主農民（狭義の農奴）二〇〇〇万人以上が社会的、経済的従属から原則的に解放された。さらにその数年後に、御料地農民と国有地農民が同様に解放された。この大改革はロシアの近代化に不可欠であったが、いざ実行されると、ツァーリ支配の根幹を揺るがし、以降、社会の広い層の中に、それまで体制を支えてきた常識や通念を根本から問い直す動きを引き起こすことになった。

こうした状況で帝国の知的エリートたちが拠《よ》りどころとしたのは、ヨーロッパ諸国において盛んに議論されていた政治や経済の仕組みであった。つまり、当時、ヨーロッパ諸国に広がりつつあった自由主義的な政治経済の仕組みや、ヨーロッパの社会活動家が検討していた社会主義の仕組み、さらには無政府主義者の提示する未来社会のイメージまでもが、政治から排除されてきたロシアの知的エリートをとりこにしたのである。通常の方法でヨーロッパの先進的仕組みを導入できないとすれば、革命しか残された手段はなかった。

しかしそれでは、このような問題を考える人々は、ロシアにどのくらいいたのだろうか。数字を示すのは困難だが、学校教育を受けていた人の数が参考になるだろう。前記のミローノフが作成した統計表によれば、ロシアの初等・中等学校で学ぶ者は、一八四〇年では二七万人に過ぎなかったが、一八六三年には九五万五〇〇〇人へ、そして一八九〇年には二五一万人へと飛躍的に増大した。これほど目覚ましくはないが、大学で学ぶ者も同じように数を増していた。帝国大学の例を挙げれば、そこで学ぶ者の数は一八四四年に三二七四人、一八六四年に四〇八四人、一八八〇年に八一九三人、一八九五年に一万一三三三人という具合に増大したのである。この他に、軍関係の高等教育機関や商業系や工業技術系、さらにソソが行った宗教的専門学校もあり、それらでも生徒の数は増えていた。

　こうして輩出された知的エリートとその予備軍こそが、それ以前に西欧化していた少数者とともに、国家と社会の変革という問題に関心を寄せた人々であった。言うまでもなく、その中で実際に革命運動や社会運動に参加した者はごく一部だった。たとえば、一八六〇年代から八〇年代初頭にかけて、高等教育機関で学ぶという「特権」は名もなき農民たちの労役に負っていると考える学生たちが、「人民の中へ（ロシア語でヴ・ナロード）」という言葉を合言葉に、次々と農村で社会変革のための啓蒙《けいもう》活動を始めた。彼らは「ナロードニキ」と呼ばれるが、その中で一八七四年までに警察に逮捕された者だけを対象とすれば、全ロシアで一六〇〇人ほどであった。ここからすれば、実際に農村で活動した者は最盛期でも数千人規模だったと考えられる。

　ナロードニキ運動の参加者はやがてテロリズムに走り、一八八一年にアレクサンドル二世を殺害したために、社会の中で孤立していった。しかし他方では、新たにツァーリとなったアレクサンドル三世（一八四五～九四）が比較的穏健な知的エリートの社会的活躍にも警戒心を示し、公共の問題に彼らが関わることを制限しようとしたために、彼らと権力を分ける溝は埋まることがなかった。

この状態で、農奴解放令で解放された農民は、振り分けられた土地が有償で、しかも少なかったので不満を抱き続けた。逆に貴族層は、農奴解放によって経済的打撃を受けたことで、ツァーリ体制に距離を置くようになった。さらに、ロシアでも一八九〇年代になると、近代化が引き起こす新種の問題が都市部で生じていた。産業労働者と資本家の対立、そして都市窮民の出現という問題である。先に述べたアレクサンドル三世、そして彼に続くニコライ二世（一八六八～一九一八）の支配は、そのいずれにも対応する意欲が乏しく、必要な対策を後回しにする傾向を示していた。こうした鈍重な権力者たちが、革命家を生み出していたのである。

カフカースとロシア帝国

次に、「カフカース」という地域に目を転じてみよう。カフカース（英語名はコーカサス）とは、モスクワからはるか南、カスピ海と黒海に挟まれた地域を指す。五〇〇〇メートルを超える峻嶺《しゅんれい》をいくつも擁する大カフカース山脈がこの地域のほぼ中央を東西に横切っており、山脈の北側は北カフカース、そして南側はザカフカースと呼ばれる。ソ連最後の大統領ゴルバチョフが生まれたスターヴロポリや、一九九〇年代以降に分離独立運動が展開されたことで知られるチェチェンは北カフカースにあり、スターリンの生地ゴリを含むグルジアや、アルメニア、アゼルバイジャンという国々はザカフカースに位置する（ザカフカースという言葉は、ロシア帝国の首都から見てカフカース山脈の向こう側という意味を表すので、ソ連が崩壊し、大カフカース山脈の南側に前記の三国が独立した後はあまり使わなくなり、代わりに「南カフカース」という言葉をよく目にするようになった）。

カフカースは長くサファヴィー朝イランとオスマン帝国が支配を競い合う地域であった。しかし、一八世紀初頭からロシア帝国の影響力が及び始めると、三つの帝国と現地の諸民族を巻き込んだ抗争が長年にわたって繰り広げられる舞台となった。スターリンに即して言えば、この戦いが基本的に、ロシア帝国というキリスト教（正教）国と、オスマン帝国、そしてサファヴィー朝イランというイスラム国家との戦いという面を持っていたことが重要な意味を持った。南カフカースにおいてキリスト教を信じるグルジア人とアルメニア人は、イスラム帝国の支配に服するよりはロシア帝国の保護を受けた方がまだましだと考え、この地域にその影響が及ぶことをためらいながらも受け入れていったのである。

グルジアでは、一九世紀半ばにナショナリズムが明確な形をとるようになったが、その担い手となった知識人の多くは、ロシアからの政治的独立よりも、グルジア人としての文化的一体感を回復することを目指した。またアルメニア人は、やはり一九世紀にロシア帝国が進出した後も、大多数の同胞が南東部のオスマン帝国の支配下に居住していたために、そのナショナリストたちは、ロシアの支配からの独立よりも、オスマン帝国に住むアルメニア人の「解放」に向かった。しかも、双方の地域にあっては、ロシア人は進んだヨーロッパ文化をこの地域に伝える存在でもあった。

こうした状況から、ロシアはけっして単なる外来の支配者ではなかった。だからこそ、一九世紀末にロシア語を一所懸命に学び、ロシア帝国の中で社会的上昇を目指すソソのような少年は珍しい存在ではなかった。彼らは心の内にグルジア文化に対する誇りを抱きつつ、あるいはアルメニアの長い宗教的伝統によって自尊心を育みつつ、ロシア文化を通じてヨーロッパ文明を摂取する方向に向かったのである。

少数民族の抵抗

以上のように民族間の状況を説明すると、ソソが生きた時代のカフカースにおいては、ロシア人、グルジア人、アルメニア人の三者の間に民族的軋轢《あつれき》がなかったかのような印象を与えるかもしれない。もちろん、そうではなかった。三民族が同調するのはあくまで隣国のイスラム国家を意識する限りであって、それ以外では民族的な衝突や諍いが日常的に繰り返されていた。アルメニア人とグルジア人とロシア人は、同じキリスト教を奉じるといっても宗派が異なっていたし、職業別でも明瞭に区分されていた。一言で言えば、ロシア帝国に居住するアルメニア人は都市に住んで商業に従事することが多く、これに対してグルジア人の圧倒的多数が農村に居住していた。言うまでもなくロシア人は、政治と経済の中心地に集まっていた。そのために、民族の差と貧富の差、居住地の違い、さらには職業と身分の違いが絡み合って、彼らの間には幾重もの溝が作られていたのである。

一八八〇年代以降、三民族の間で日常的に起こる軋轢の中で比較的頻繁に目についたのは、この地を支配するツァーリの行政官としてやってきたロシア人をめぐるものだった。特にアレクサンドル三世が非ロシア人の権利を制限し、教育政策や宗教政策で露骨なロシア化政策を進めたために、イスラム教徒はもとより、グルジア人やアルメニア人の中でも、ロシア人に対する反発が強まった。しかしそれでも、グルジア人とアルメニア人の知識人たちがロシア人の支配の打倒を目指した例は多くはなかった。彼らはナショナリズムばかりか、ヨーロッパ伝来のリベラリズムや社会主義によっても鼓舞されており、必ずしも反ロシア的傾向によって結集することがなかったのである。

さらに言えば、当然ながら、カフカースに住むイスラム教徒などキリスト教以外の宗教を奉じる少数民族は、逆に正教国家ロシアの支配に強く反発した。このような姿勢は南カフカースのイスラム教徒であるアゼリー人（アゼルバイジャン人）や、北カフカースのチェチェン、ダゲスタンなどに住む少数民族の中に顕著であった。北カフカースに住む非キリスト教徒の山岳民はしばしば結束し、ロシア帝国の支配に対して武器をとった。このために、ロシア帝国政府が北カフカースをともかくも平定したのは一八六〇年代初頭のことであった。戦争で敗れた非キリスト教徒は自発的にロシアを去るか、あるいはロシア政府によって強制的に隣国に送り出された。しかしそれで北カフカースが平穏になったわけではなかった。山地では、地の利を活かした抵抗がその後も長く続いたのである。

このように頑強にロシア帝国の支配に抵抗する北カフカースの人々を、ソソがどのような思いで見ていたのか明瞭でない。一九三〇年代以降に彼がこの地域の諸民族に対してとった残酷な政策から判断すると、ロシア帝国の支配者とあまり変わらない眼差《まなざ》しで、つまりキリスト教徒が非キリスト教徒を見下すような眼差しで、彼らを眺めていた可能性がある。言い換えれば、先に述べたように、彼はカズベギの小説に出てくるカフカース版のロビン・フッドに憧《あこが》れていたと言われるが、それは必ずしも同地域に住む少数民族に親近感や同情心を抱いていたことを意味しなかったのである。

石油による急成長と混乱

一九世紀末のカフカースの社会問題は、以上のような民族問題に限られなかった。ロシア帝国のカフカース進出はこの地の民族関係ばかりか、経済関係にも大きな影響を与えたからである。特に南カフカースでは、グルジアの中心都市チフリスがロシア帝国のカフカース支配の拠点とされ、さらに、カスピ海沿岸のバクーにおいて石油産業が急速に発達したことから、これらの地域では、帝国政府が早くに鉄道を敷設した。この結果、産油地や都市部では経済が目覚ましい勢いで発展した。

そのことを示す事実をいくつか挙げてみよう。まずチフリスの人口は、一八八六年に七万八四四五人であったものが、一八九七年には一五万九五九〇人まで増大した。もともと一八八六年の人口が多いのは、一八四四年から八三年まで同地にカフカース地域全体の行政機関である太守府が置かれていたからである。同じ時期に、黒海沿岸の港町バツーミの人口も、一万四八〇三人から二万八五〇八人へと倍増した。さらに産油地バクーの人口は、一八五六年から一八九七年までに八四〇〇人から一一万二三〇〇人へと急増した。一八八三年にバツーミ、バクーと結ばれた鉄道によって、カスピ海沿岸のバクーの石油を黒海に輸送し、そこから地中海を通してヨーロッパ各地に輸出することが可能になった。こうして、同地の産油量は二〇世紀初頭にはロシア産の石油の九五パーセントを占めるようになった。この結果、ロシアは一時期、石油の輸出量でアメリカと世界の首位を争うようになった。

このような急激で荒々しい経済成長を支えたのは、アレクサンドル二世の時代の大改革によって僅かでも自由を手に入れたカフカースの民衆だった。また、バクーの場合には、政府の奨励策で隣国のイランも含めた広範な地域から働き手が集められた。その結果、労働者に不利な状況が続き、彼らは不衛生な生活条件と劣悪な労働条件を押し付けられた。この状況は必然的に労働争議を生み出した。

カフカースの場合には、賃金引き下げや長時間労働に抗議する労働運動が一八七〇年代に始まり、次第にその数を増していった。それでも、インテリの社会運動家とこうした労働運動が結びつくのは、それからずいぶん経《た》ってからのことであった。グルジアの社会民主主義の歴史を調べたアメリカの歴史家ジョーンズによれば、同地において社会主義志向の運動家が労働者の革命的潜在力に注目し始めたのは一八九〇年代半ばのことだったという。そうだとすれば、まさにソソがゴリの教会学校を卒業してチフリスに住むようになった頃に、カフカースの労働運動は社会運動家と恒常的に結びつくようになったのである。

ついでに農民の状況について触れておけば、カフカースの農民はもともとロシア中央部の農民と異なる土地制度の中で暮らしていた。ここでは農村共同体には実体がないか、あっても帝国の中央部ほど農地の管理に関わっていなかった。さらに南カフカースは温暖な気候に恵まれ、所々でタバコや綿花などの工芸作物やブドウなどの果樹の栽培が可能であった。こうした事情があったためか、カフカースにおける農奴解放は中央部に比べて地主側に有利なものだった。それでも解放は、場所によって、またそこに住む農民の選択によって、異なる結果をもたらした。特に交通網が整備され、作物の輸送が容易になった地方では、農民の中に市場に適した作物を栽培することによって豊かになる者が現れた。

その一方で、商品経済が浸透した結果、解放時に分与された僅かばかりの農地では暮らしが立たなくなる農民も多く出現した。窮乏した農民の中には、村から逃亡したり、都市に流入して貧民化したりする者も少なくなかった。たとえば南カフカースのアゼルバイジャンでは、一八八〇年代と九〇年代に、村を離れて山地や森に逃亡した農民（「ガチャク」と呼ばれた）が徒党を組み、地主や役人を襲う事件を繰り返した。農民の多くが彼らの行動に暗黙の支持を与えたため、当局はなかなかこの運動を鎮静できなかった。

以上のごとく、一九世紀末の時点でカフカースでは、農村はかつての平穏な場所ではなくなっていた。ソソが住む都市部はそれ以上に落ち着きのない雰囲気を醸し出していた。全体としてカフカースは変化の真っただ中にあったのである。

荒れるチフリス神学校

一八九四年九月、つまり一四歳か一五歳でチフリス神学校に入学するまで、スターリンは以上のような社会情勢にさしたる関心を示していなかったようである。この点について、一九三一年に、彼は興味深い話をドイツ人作家エミール・ルードヴィッヒに打ち明けている。

当時、世界中でスターリンに対する関心が高まっており、ルードヴィッヒもスターリンに強い好奇心を抱いたヨーロッパの知識人の一人であった。スターリンはルードヴィッヒの質問に答えて、自分は一〇歳や一二歳で社会主義に惹《ひ》かれるようなことはなかったが、一五歳のときにザカフカースにいたロシア人マルクス主義者の地下グループと関係を持つようになり、革命運動に参加するようになったと述べている。さらに、自分が革命家になろうと思ったのは、両親からひどい扱いを受けたからではなく、当時学んでいた神学校での「人を馬鹿にするような制度とイエズス会的方法」に反発したからだと付け加えている。

この珍しい打ち明け話を含むインタビューは、同年のうちに全連邦共産党（当時の名称）の理論誌『ボリシェヴィキ』に掲載された。明らかにこれは、世界の人々がスターリンに寄せる関心を意識したものであった。しかし、当時の彼が、自分が革命家になることを決めた時期を実際より遅く設定する理由は考えられなかったので、このインタビューは、彼が一五歳になる前までは革命活動にまったく関わっていなかったことを示している。現在の歴史家の多くは、彼が実際に革命活動を始めた時期は、一五歳よりも遅い時期だったと考えている。

ところで、ここでスターリンが示した神学校に対する否定的評価は彼だけのものではなかった。チフリス神学校は一七五五年に創設された名門の宗教教育機関であったが、彼の入学時には由緒ある聖職者育成学校としてより、生徒たちの激しい抗議活動によって有名になっていた。生徒たちは、朝から晩まで詰め込まれたカリキュラムや、課外時間の素行にまで目を光らせる監視体制に抵抗し、さらにはロシア人教師たちがしばしば示すグルジア文化に対する侮蔑《ぶべつ》的言動に強く反発した。言うまでもなく、この時期にロシア帝国全体に広がっていた専制批判の風潮も、生徒たちに影響を与えていたのである。

いくつかこのような状況を示す事件を挙げてみよう。まず一八七三年に、三人の生徒がカフカース太守に対する不敬の行動をとったために逮捕され、退学処分を受けた。彼らがナロードニキ系の読書サークルで神学校の禁じる本を読んでいたことも判明した。この事件が示すように、生徒たちは課外時間でも神学校が許可した以外の本を読むことは禁止されていた。三人の生徒から没収された本の中には、ロシアの社会主義者の本もあったが、それればかりではなかった。進化論を唱えたダーウィンの著作や、文明論の歴史家として知られるイギリスのヘンリー・バックルの著作も含まれていた。

さらに、一八八四年には一人の生徒がグルジア文化に対する侮蔑的態度を隠そうとしなかった校長を殴打したことと、著名なロシアの社会主義者の本を所有していたことで退学処分を受けた。続いて一八八六年には、神学校で許されない新聞を発行していたとして退学させられた生徒が、校長を刺殺するという事件を起こした。また一八九三年には、多数の生徒たちがストライキを組織した。彼らは数人の教師の解雇と教育科目にグルジア文学を加えることを要求したのである。神学校の中では授業はすべてロシア語でなされており、生徒たちの中のグルジア人たちは彼らの文化に配慮した教育を求めていたのである。しかし、学校当局はこの要求にまったく耳を貸さなかった。ストライキに対する回答は八七人もの生徒の退学処分であった。

こうした状態にあったので、神学校を経由して反体制運動に向かう者が少なくなかった。つまり、ソソが聖職者になるために入学した神学校は、ジュガシヴィリ母子の期待に反して、反抗心旺盛《おうせい》な若者を輩出する教育機関になっていたのである。研ぎ澄まされた感受性を持つソソが、すぐにそうした学校の雰囲気を理解したことは想像に難くない。それでも彼は、入学後しばらくは反抗的姿勢をまったく示さなかった。それどころか、ソソは神学校の校長に宛てて嘆願書を提出している。一八九五年八月のそれは「自分の父親は、その意に反して自分が教育を受けていることに不満で、もう三年間も父としての庇護《ひご》の義務を果たしていない」、また母親も目が悪くなって手仕事ができなくなり、自分の教育費の残額が払えなくなっていると家庭の事情を説明し、「再度、お慈悲をもって全額国家負担として受け入れてくださるようお願い致します」と記していた。彼は半額免除生として入学を許可されたのであるが、何とか全額免除の特典を得たいと考えていたのである。しかし、この切実な願いは叶《かな》えられなかった。

成績表から見て、ソソは入学後しばらくの間はまじめに勉強していた。しかし、正教会の歴史や聖人の伝記を説く講義に熱心に耳を傾けることはなかったようである。結果として、最初の二年間の彼の成績は上位ではあったが、けっして最上位ではなかった。このような状態では、いくら彼のように貧窮の身でも全額免除の特典は受けられなかったのである。

農夫の生涯を歌う

入学当時、ソソはどのようにして精神のバランスをとっていたのだろうか。興味深いことに、入学後にソソは考え込む姿勢をしばしば見せ、内に閉じこもるようになったと学友たちが回想している。おそらくこのときソソは、勉強を続けて母親の期待に応《こた》えたいという思いと、強まる反抗心の間で激しく揺れ動いていたのである。

自作の詩を新聞に発表する気になったのも、おそらくこうした精神状態と無縁ではなかっただろう。このような彼の心境をよく示すのは、一八九六年に発表された六番目の詩である。それは前年に発表された五編の詩と二つの点で異なっていた。第一に、両者は思想的傾向の違う新聞に掲載された。最初の五編は、先に述べたごとく『イヴェリヤ』に発表されたが、六番目の詩は『クヴァリ』(グルジア語でわだちという意味)という新聞に掲載された。先に引用した歴史家ジョーンズによれば、前者の発行代表者はリベラルな傾向を持つ知識人であったが、後者のそれは、より専制批判の傾向を持つ急進的知識人だった。発表する新聞の違いはソソの政治的立場の変化を反映していたと見られる。第二に、詩のテーマが異なっていた。この点を示すには、六番目の詩を訳出するのが一番だろう。それは題名がつけられておらず、以下のような内容のものだった。

わが友ニニカは年老いた
止めようもなく髪は白くなり
力に満ちていた肩は落ちるばかり
あの働き者が役立たずになった

ああ、かつてのニニカは
荒々しく鎌《かま》をふるって
命の充《み》つる大地を、嵐のように駆け抜けた
そこかしこで、束、また束をなで斬《ぎ》りにして

あの頃ニニカは、刈入れ後の畑に直立し

顔の汗をぬぐった
楽しげに燃え上がる輝きが
ひときわ彼の男ぶりを際立たせた

それが今では、歩くこともままならず
情け容赦もなく迫る老いに身を任せ
哀れな年寄りとして、臥《ふ》せったまま
孫たちにおとぎ話を語っている

それでも、畑から
自由でのびやかな労働の歌が聞こえてくると
彼の心は高鳴り
かつてのごとく、身を震わせ
杖《つえ》にすがって
僅かに立ち上がる

子等に笑みを浮かべ
束の間、昔の気力を取り戻すのだ

この詩は、これまでのように故郷の自然やグルジア・ナショナリズムを歌ったものではない。研究者の中には、先に訳出したエリスタヴィに捧げた詩にソソの社会問題に対する関心の始まりを見る者がいるが、明らかにこの六番目の詩の方が、この点では明瞭である。この詩では、ソソはもはや詩人を褒め称えるという間接的な方法をとらずに、農夫の人生そのものを描写しているからである。ソソはここで、頑健な体軀《たいく》を持った農夫の若き日の働きぶりと、異性を交えた若者たちの楽しい日々、そしてそれと対照的な現在の年老いた姿を伝えることで、農夫の生涯を全体として伝えようとしているかに見える。

札付きの問題児に

「わが友ニニカ」の詩を発表した頃からは、ソソの言動は比較的よく知られている。神学校の素行記録に、多くの記述が残されているからである。そこで研究者たちが注目してきたのは、ソソが市内にあった私営の図書室を利用し、神学校の禁じる本を熱心に読んでいたという事実である。

1896年のソソ（スターリン）

当時、民衆を啓蒙する目的で、知識人たちが帝国の至る所で安価で誰もが利用できる図書施設を組織していた。チフリス神学校の生徒たちも、監視の目を逃れつつそうした場所を利用して、知的好奇心を満たしていたのである。ソソ自身がいつからこうした図書室に出入りするようになったのか明らかではないが、遅くとも一八九六年には、彼はそこからヴィクトル・ユーゴーの『海に働く人々』や『九十三年』を借り出して読んでいた。同年一一月の神学校の生徒素行記録に、ソソの所持品の中から図書室利用カードと、これらの本が発見された事実が記されているのである。彼はこの違反で懲罰房《ちょうばつぼう》での長時間拘禁という処罰を受けた。翌年三月にも、彼は同様の処罰を受けた。

以上の事実は、一方では、若き日のスターリンが早くからマルクスの著作など、当時の革命家の必読文献を読んでいたという主張に疑問を投げかける。一九三八年になって、彼は自分は一八九八年にはマルクスの『資本論』第一巻を皆で五カペイカずつ出し合って二週間だけ借り受け、書き写したと回想しているが、それは事実として確認されていない。当時、彼は密《ひそ》かにそうした本を目にしていたかもしれないが、読書の時期は、もっと後だったと見られる。

しかし他方では、幼少のときから反抗的で、英雄に憧れていたスターリンが、神学校に入るとまもなく学業を放り出して革命運動を始めたというのも事実でなかった。彼は神学校入学後しばらく、まじめな生徒であろうと努めていた。彼はしばらくの間、強い葛藤《かっとう》の中にあったと考えるのが最も自然に見える。方向の定まらない年月を経た後に、最終的にソソは聖職者になってほしいと考える母親の期待を振り切り、神学校での教育を完全に否定する道を選んだのである。

当時の仲間たちの回想によれば、彼を含む読書サークルでは、ダーウィンの著作やフォイエルバッハの『キリスト教の本質』、スピノザの『エチカ』などを取り上げた。先に挙げたヴィクトル・ユーゴーの小説やこれらの著作を通じて、ソソは神の存在を否定する結論に達した。しかし、おそらくこの時点では、この世はすべて不完全な人間が創り出すいびつで相対的な世界だとまでは考えなかった。どこかに究極の真実は存在しており、人間の意志と努力によってより良い社会を生み出すことができると本気で思い込んでおり、それを得る手段を変えただけだったのである。

このとき以後、ソソは神学校の課業の合間にチフリスの労働運動に関わるようになり、一八九八年にはグルジアの社会民主主義運動の組織に入り、活動家としてあちらこちらの工場の労働者サークルに姿を見せるようになった。よく言われるのは、ソソは同年に、チフリス中央鉄道修理工場の労働者が、疾病保険と無賃鉄道利用の取り止めに抗議して起こした六日間のストライキを直接に指導したという説である。しかし、現在ではこの点を否定する意見の方が優勢である。事実が確定し難いのは、史料がもともと乏しいからばかりではなく、一九一七年から数年の間、グルジアがスターリンの属した社会民主労働党ボリシェヴィキ党と対立するグループ（社会民主労働党メンシェヴィキ党）の牙城《がじょう》となったために、対立する双方が都合よく過去を記述したからであろう。

いずれにせよ、当時の彼の日常は神学校の素行記録によって確認されている。それは次のような具合だった。一八九八年一〇月九日、朝の祈禱を欠席したため懲罰房、一〇月一一日、典礼の際の規律違反で懲罰房、一〇月二五日、休暇からの帰館が三日間遅れたことで再度懲罰房、一一月一日、教師に挨拶しなかったことで厳重戒告、一一月二四日、教会内で笑い声を立てたことで厳重戒告、一二月一六日、所持品検査の際の言い争いで懲罰房。要するにこの頃に彼は札付きの問題児になっていたのである。

革命活動へ

当然のこととして、ソソは翌年五月に退学処分を受けた。学校側の公式記録は、理由なく試験に参加しなかったと退学理由を記している。しかし実際には、学校当局は彼が長い間不《ふ》逞《てい》な活動に従事していたことを勘案し、試験不参加を口実に処罰に踏み切ったものと思われる。この後、ソソは半年ほど母親や友人のもとで過ごし、同年暮れにチフリス気象台に計算係見習いとして勤めるようになった。活動家仲間が彼にこの職場を紹介したものと思われる。ソソはこの仕事場を隠れ家として、空いた時間に労働者のサークルに出入りし、労働運動を組織する活動に従事した。

この時期には、ちょうどチフリスの鉄道工場やタバコ工場などにおいて、労働者が賃上げや八時間労働を求めてストライキを繰り返すようになっており、ソソが活動する場はいくつもあった。なかでも一九〇一年に、彼は著名なメーデーのデモ事件に関わった。この種の事件は社会の中に民衆の抗議の動きが拡大していることを印象づけ、参加者を増やす機会だと考えられていたのである。実際、警察の側の報告書も、一九〇〇年から一九〇五年にかけて、管轄するチフリスで社会民主主義組織が急速に組織を広げていると記していた。

それでも、チフリスの社会主義者のすべてが、ソソのように直接的に革命活動に従事したわけではなかった。それどころか、ソソは早くからグルジアの穏健な社会民主主義運動の指導者と対立した活動家として記憶されていた。正確な期日は不明だが、当時グルジアの社会民主主義運動の指導者の一人で、ロシア革命後に短期的にグルジア共和国の首相を務めたノエ・ジョルダニア（一八七〇～一九五三）が、この時期のソソに会った際の印象を一九三〇年代に回想しているのである。それによれば、当時のソソは、必要な知識も文筆の才能もないのに、初めから指導者になることを目指すような若者だった。どうやら、すでにヨーロッパ諸国において著名な社会主義者たちと交流していたジョルダニアには、スターリンは不遜《ふそん》な若造としてしか映らなかったのである。

この回想が示すように、当時のソソは社会主義の思想を勉強することよりも、革命運動そのものに熱中していた。おそらく彼は、民衆の生活であれば、貧窮の家庭に育った自分の方がジョルダニアたちよりもよく知っていると自負していた。また彼は、社会主義運動で必要なことは何よりも行動だと確信していた。学問的にそれを理解しようとする人々はもちろん尊敬されねばならないが、自分はそうした世界の人と同じではないと考えていた。

『スターリン全集』第一巻に収録されている初期の論文「ロシア社会民主労働党とその当面の任務」（一九〇一年一一～一二月にグルジア語で発表）には、そうした彼の思考回路が明瞭に示されている。彼はそこで、ロシアでは労働者や農民のみならず、無数の都市の下層住民や非ロシア人も、ツァーリの専制支配に苦しみ、呻《うめ》いていると記した。おそらく彼は、民衆は心の底から支配層を憎み、体制の打倒を願っているので、誰かが率先して挑戦すれば、「社会の遅れた臆病《おくびょう》な部分」がこれに続くと考えていたのである（以降、巻末の「主要参考文献」に掲げた大月書店刊の『スターリン全集』から引用する際には、読みやすさを考慮して、表現を変えたところがあることをお断りしておく)。

こうした文章を読むと、若い日のスターリンは、ひたすら功名心や支配欲に駆られて行動するタイプの人間だったという評価は、まったく的外れのように思われる。明らかに彼は、それよりはるかに漠然とした革命的ロマンティシズムに突き動かされていた。ツァーリ体制にやみくもに挑戦し、跳ね返され、また立ち向かうという直情径行の若者だった。

流刑という試練

当然、保安当局はこのような状態にあったソソに注目した。一九〇一年三月に、彼の勤める気象台が警察の捜索を受けた。このときは間一髪で逮捕を免れたが、翌年四月に彼は潜伏中のバツーミで逮捕された。この時点でソソが本格的な革命家になったと断定したいところだが、それは事実ではなかった。現在では、同年一一月に、彼がカフカース民生部総括官宛てに出した嘆願書の存在が知られている。その嘆願書で彼は、自分の逮捕後に一人残された老母のために釈放してくれるよう願い出ていた。ほぼ同様の文面の嘆願書が、翌一九〇三年一月に彼の母親からも出されていた。背後にどのような事情があったにせよ、明らかに若いときのスターリンはけっして「不屈の闘士」ではなかったのである。

いずれにせよ、こうした嘆願書に応じるほど体制側は甘くなかった。この後、一九〇三年七月に、彼は三年の東シベリア流刑を宣告され、一一月末に流刑地のイルクーツク県の僻村《へきそん》に着いた。この時期の記録はほとんどないが、この流刑が彼にとって最初の重大な試練だったと考えられる。陽光きらめく夏のカフカースから凍《い》てつく冬のシベリアへの移動は、強烈なカルチャーショックを彼に与えたはずである。彼は自分の身の上に起こった変化を考えざるをえなかったはずである。

二つの嘆願書と一九〇三年以降の彼の行動から見て、ソソが退路を断って職業革命家になることを決めたのは、この判決が出た頃だったと考えられる。結局、さしたる学歴もなければ、頼れる親戚《しんせき》や知人もないソソは、刑期を終えた後の人生について何も展望を持てなかったであろう。この点で、彼の家庭環境はやがて肩を並べて行動する仲間の革命家と大きく異なっていた。彼の場合には、金銭的にも、また周囲の知的環境からしても、世間が彼の素行を忘れるまでロシアの外に出るという選択肢はまったく考えられなかった。他方でソソの目には、ロシア帝国は矛盾に満ちているように見えていた。彼は下層社会の中に渦巻く強い不満を感じ取っており、この国の大転換

シベリア流刑前後に撮影されたソソ（スターリン）

は不可避だと信じていた。こうして、職業革命家を目指すことは彼にとって最も自然な選択だったのである。

レーニンとボリシェヴィキ党

ちょうどソソがそうした覚悟を決めた頃に、やがて彼の運命に深く関わる事件が遠いヨーロッパの地で起こっていた。ロシア社会民主労働党という小さな革命集団がヨーロッパで党大会を開き、党員資格の規約をめぐって分裂したのである。この分裂から生まれたのが、レーニン（一八七〇〜一九二四）を中心とする「ボリシェヴィキ（ロシア語で多数派という意味）党」と呼ばれる集団である。このときレーニンは、革命集団を組織するにあたって、実際に革命活動に従事する者のみを党員とすべきだと主張し、一般の労働者や協力的知識人にも党員資格を与えるべきだと主張する人々と対立した。

レーニンの考えでは、意識の高い党員が中央集権的な組織を作って革命を目指さなければ、未来社会の実現は不可能であった。このような主張は、革命運動を行う組織の組織論としては合理的であったが、他方では、一般民衆から遊離し、もっぱら大衆を指導することばかり考えるエリート集団を生み出す危険性を有していた。そのために、ロシア社会民主労働党の中に激しい論争が巻き起こった。メンシェヴィキと呼ばれたレーニンの批判者たちは、彼の過激で、徹底した目的志向性に驚くとともに、ようやく創出した革命政党が、閉鎖的で非民主主義的な組織になることを危惧《きぐ》したのである。

一九一七年に革命が起こると、このボリシェヴィキ党は権力の掌握を目指す政治集団へと変貌《へんぼう》し、その中にあったソソ（スターリン）は古参の有力幹部の一人として活躍するようになった。さらに、同年の「十月革命」で権力をとると、ボリシェヴィキ党は党員と大衆を明瞭に区別し、しっかりした階層構造を持つ権力集団へと発展していった。そのことを考えれば、一九〇三年の分裂事件は彼の運命に深く関わっていた。しかし、言うまでもなく、当時のソソはこの事件にまったく関与していなかった。それどころか、彼はヨーロッパで繰り広げられている社会主義運動についてさえ、通り一遍の知識以上のものを持たなかったと考えられる。

民族論と党組織論

それでもソソは、シベリアに向かう過程で、また流刑先で、亡命中の革命家たちと同じように革命の課題と方法を考えていた。彼はこの時期に、これまでの活動を振り返り、革命運動について、またカフカースという地域について考え続けた。こうした思考の過程から生み出された成果は、一九〇四年に流刑先から逃亡し、再びカフカースで革命運動に従事するよ

レーニン（1910年）

うになったときに示された。すなわち同年九月に無署名で発表した「社会民主党は民族問題をどう理解するか」において、彼はカフカースの多民族社会を念頭に、貴族やブルジョアジーと呼ばれる資産家が説く民族論に振り回されてはならないと主張し、次のように書いた。

「グルジアの若いブルジョアジーは、『外国』の資本家との自由競争が彼らにはどんなに困難であるかと感じると、グルジアの民族主義的民主主義者の口を借りて、独立グルジアをつぶやき始めた。（中略）これがグルジアのブルジョアジーの民族主義の目的であったし、今でもそうである」

明らかに彼は、もうこの段階で、「朝」や「ラファエル・エリスタヴィ公に捧ぐ」で示していたグルジア・ナショナリズムへの共感を清算していた。彼がボリシェヴィキ党内の民族問題の専門家になる素養を有しているとレーニンに評価されるのは、まだ先のことであるが、ともかくソソはすでにこの段階で民族問題に強い関心を示していたのである。

このときソソが、自己の経験を通して考える姿勢を示したのは民族問題だけではなかった。彼はこの論文と同じ頃に執筆した「クタイスからの手紙」の中で党組織の問題を論じた。彼はそこでも、経験を基にして考えるはっきりとした特徴を見せていた。ここでソソは、ボリシェヴィキとメンシェヴィキの対立に触れ、自分は指導者と大衆を明瞭に区別するレーニンの議論を全面的に支持すると表明した。彼が正確にいつからレーニンの存在を意識するようになったのか不明であるが、この文章から見て、当時のソソはレーニンを批判する人々の抱いた危惧を理解できなかったようである。彼はここで、ロシアの社会主義者の中で高い権威を有していた「ロシア・マルクス主義の父」プレハーノフ（一八五六～一九一八）のレーニン批判をまったく問題にしなかった。

革命の現場に身をさらしてきたソソから見れば、革命運動に携わる者と、自分の「本当の階級的利益を自覚する」（「手紙」）ところまで行っていない（と彼がみなす）大衆を区別するのは当然だった。また彼から見れば、運動に直接に従事しない知識人や一般労働者を革命党の党員に加えるという議論は、日々運動に従事する、彼のような者を逮捕の危険にさらす机上の空論でしかなかっただろう。おそらくこうした議論を通じて、彼は次第にレーニンを自分の師と仰ぎ見るようになったのである。

それだけではなかった。それから半年後の一九〇五年初頭にも、ソソは党組織論で興味深い見解を示した。すなわち、日露戦争が生み出す社会的混乱の中で、彼は党組織のあり方を考察し、党は軍隊の「前衛部隊」のように、独自の綱領、戦術、組織原理で武装しなければならないと主張したのである。革命政党を軍隊の「前衛部隊」になぞらえる思考法は、当時の革命家の中でかなりユニークなものであった。明らかに、彼にとって革命運動は敵と味方が争う戦いであった。さらに言えば、革命家が一歩でも体制側を出し抜いて活動の場を広げれば、支配体制が弱まり、逆に運動が鎮圧されれば体制が有利になる戦争と同じであった。同時に、このような思考の脱線は、ソソが早くから独立して物事を考える姿勢を持っていたことを示している。日々の活動が、彼の思考を磨いていたのである。

以上述べてきたように、ソソは、どちらかと言えばゆっくりと職業的革命家への道を歩み出した。おそらくは、母と子の深い絆が彼の決心を鈍らせ、遅らせたのである。しかし皮肉なことに、彼の母親が良かれと思って送ったチフリス神学校が彼を革命家に孵化《ふか》させる培養器になった。なかでも、生徒の多くを苦しめていた神学校の体制が、ソソの持ち前の反抗心を刺激したものと思われる。しかし、未だこの時期には彼は格別目覚ましい理解力や活動能力を示すことはなかった。当時の学友の多くは、彼がこの方面で非凡な能力を示したと主張していないのである。むしろ、退学後も彼はかなり単純に事態を捉えており、容易にツァーリ体制を打倒できると考えていたようである。当時のソソは理論家タイプの革命家ではなく、現場の活動を重視するタイプの革命家だったのである。

シベリアに流刑された頃から、ようやく彼は経験に基づいて考え、それを言葉にしようとし始めた。一九〇四年に彼が書いた民族論と党組織論は、彼のそうした成長を明瞭に示すものだった。しかし、それでも未だ彼は「スターリン」として知られる資質をほとんど示していなかった。彼を変貌させる本当の試練はまだ始まったばかりだったのである。

第3章　コーバからスターリンへ

名前の変遷

ヨシフ・ジュガシヴィリが「コーバ」という名前を利用し始めた時期について、定説はないようである。ある研究書は神学校を離れて革命運動に従事するようになった一八九九年前後から、彼はこの名前を使うようになったと記している。また別の文献は、彼はグルジア語の論文に「コーバ」と署名するようになった一九〇六年半ばから、この名前を利用するようになったと主張している。前者は呼び名として広まり始めた時期を、そして後者は筆名として使い出した時期を考えているようである。

他方、彼が「スターリン」という名前を使い出した時期については、一般に一九一三年一月に発表した論文「ペテルブルグにおける選挙」が最初だとされている。ただし、「コーバ」という名前と「スターリン」という名前を組み合わせて「K. S.」という署名を用い始めた一九一〇年頃を、「スターリン」という名前の開始時点とする説もある。

いずれにせよ、この時期にはヨシフ・ジュガシヴィリは「コーバ」と「スターリン」以外の変名も利用していた。そうした変名とこの二つの名前は明らかに使用期間が異なっていたが、それでもいずれも捜査当局の追及をかわし、素性を隠すためのものであったことに変わりはなかった。しかも、前者については先に記した通り、アレクサンドル・カズベギの小説からとったもので、込められた意味は明瞭だが、後者については本人がどれほど大きな意味を与えていたのか判然としていない。そうした状態で、本名のように受け入れられてきたのである（「スターリン」は、いかにもグルジア的な響きを持つ「ジュガシヴィリ」と比較すればロシア的語感を持つが、それでも「スターリン〔鋼鉄の人〕」は一般的な名前ではなかった）。若いときに考えた偽名の意味が、その後の彼の行動と非常によく符合していると周囲に受けとめられて、広まったものに過ぎないのである。

不況と日露戦争

ともかくこの時期、つまりジュガシヴィリがコーバと名乗り、やがてスターリンと自称するようになった時期に、ロシアでは立憲君主制への転換が試みられた。この転換を中途半端なものにした最大の責任は、一八九四年に即位したニコライ二世にあった。彼は家庭的には申し分のない人物であったが、国政を担うだけの資質を欠いていた。にもかかわらず彼の受けた教育は、専制君主としての彼の地位は神から授けられたもので、専制君主制こそロシア帝国を治める唯一の政治形態だと説くものだった。彼と彼の取り巻きは、このような特別の使命感をもってロシア帝国を統治しようと考えていた。

しかし、彼らがどのように考えようと、知的エリート層も経済的社会的に力を蓄えつつあった実業家たちも、もはやこうした古臭い国家観を有していなかった。このためにツァーリ体制の基盤は極度に弱まっていた。考えられる方向は、憲法と選挙議会を導入し、より多くの人々が政治に参加できる道を開き、権力基盤を拡大することであった。それがなされなければ、何らかの事件を背景に、これまでの体制を根底から覆そうとする試みが起こる確率が高まるばかりだった。ロシアの歴史では、そうした大規模な民衆反乱は珍しくなかった。だからこそ、二〇世紀初頭の時点で、民衆に必ずしも信を置いていなかった知的エリート層も含めた多くの人々が、より民に開かれた国家への転換を心から願っていた。

この状況で、ロシアの進む方向に決定的影響を与えたのは経済不況と国際関係だった。前者では一九〇〇年前後の世界的不況が重要である、この影響はロシアにも及び、ロシア国内に社会運動を激発させた。運動の中心になったのは労働者、農民、学生、そしてヨーロッパ方面の少数民族であった。こうした運動を目の当たりにして、知的エリートは次々に政治組織を立ち上げた。議会も選挙もない状態でも、彼らはこの変化に応える組織を生み出すべきだと考えたのである。

たとえば、自由主義者は一九〇二年にドイツにおいて機関誌『解放』を発刊し、二年後に非合法政治結社である解放同盟を組織した。また別の組織を立ち上げた自由主義者もあった。他方、社会主義者もさまざまな組織を発足させた。そのうち一つで、ロシア臣民の圧倒的多数を占める農民の組織化を図ったのが社会革命（エスエル）党である。一九〇一年にこの党を発足させた社会主義者は、農村共同体を基盤にして、資本主義の段階を経ずに社会主義社会を生み出すことが可能だと考えた。彼らのスローガンは土地の社会化というもので、これは土地について私的所有権を認めず、共同体が管理すべきだというものであった。彼らとは別に、労働者階級を中心に社会主義社会を目指すべきだと考える者もいた。一九〇三年に党規約をめぐって分裂したロシア社会民主労働党は、そうした社会主義組織の中で最も代表的なものであった。この党は、一九〇五年春の時点ではボリシェヴィキとメンシェヴィキの二派が別々に会議を開いていた。

後者の国際関係では、大国としての威信を重視するニコライ二世とその取り巻きは、ロシアを列強との勢力圏争いに導いた。二〇世紀初頭の段階でロシアが新たな活動の方向を見出したのは東アジアであった。そこにはロシアの勢力拡大を妨害する国家はないように見えた。しかし彼らの予期に反して、新興国日本がヨーロッパ諸国から近代国家の運営術を学んで、行く手に立ちはだかった。当時日本の指導部は自国の安全を確保するためには朝鮮半島が戦略的に重要な位置を占めていると考えており、ロシアのこの方面への進出に危機感を強めていた。両国の指導者は一九〇三年まで外交交渉によって和解する可能性を探ったが、結局、翌年二月に戦争に突入した。

よく知られるように、この戦いは初戦からロシアに不利に展開した。ロシア国内では、遠い東アジアでなされている戦争はただでさえ人気がなかったので、前線での敗勢が伝わるとともに政府批判の動きが噴出した。そうした中でよく知られるのが、一九〇五年一月に首都ペテルブルグで起こった血の日曜日事件である。これは生活苦と過酷な労働からの救済を求めてツァーリに請願する民衆を、首都を守る軍が武力によって鎮圧した事件である。すでに強い不満を抱いていた労働者や都市住民は事件の報にすぐに反応し、激しい抗議活動を繰り広げた。この結果、社会は混乱状態に陥り、農村地域では農民たちが、自分たちに有利な形で宿願の土地問題を解決する試みを繰り広げた。

ストルイピン改革

ニコライ二世は前線での相次ぐ敗退と以上のごとき国内情勢に直面し、ようやく戦争の継続が困難だと理解した。こうして一九〇五年九月にポーツマス講和条約が締結され、日露戦争は終結した。しかし国内の混乱はこれで収まらなかった。前線帰りの兵士たちが国内各地で無能な上層部を非難する集会を開いたので、ツァーリの権威はさらに低下した。この状態では、専制君主制をそのまま維持することは不可能に見えた。ニコライ二世もこの事実を認め、首都がストライキで麻痺《まひ》していた一〇月に詔書《しょうしょ》を発して、選挙で代議員を選出する立法機関の設置を認めた。ツァーリはそれより前の八月に、立法機能がほとんどない諮問機関の設置を認める詔書を出していたが、もはやそのような曖昧な機関の設置によって事態を収束させることはできなかった。最終的に、翌一九〇六年四月に公布された国家基本法では、立法権はツァーリが上院（国家評議会）および下院（国家会議）とともに行使することになった。これによって、いよいよロシアも立憲国家への道を歩み出したのである。

しかし、新しい体制を定着させ、ツァーリの権力基盤を拡大するためにはさらなる措置が必要だった。本格的にこの方向を目指したのが帝政最後の改革者ピョートル・ストルイピン（一八六二～一九一一）であった。彼はタバコ栽培の研究を卒業論文にした変わり種で、一九〇六年七月に首相に任命される以前に、地方の貴族団長や県知事を歴任していたので、帝国統治の要点をよく理解していた。そこで首相になるとすぐに、下院の選挙法を改めて地主層の影響力を増し、さらにポーランドなどの非ロシア人の選出枠を削減した。議会の中の反政府勢力を弱め、逆に政府支持勢力を増したのである。その上で、地主貴族と農村共同体の執《しつ》拗《よう》な抵抗をものともせず、時に暴力的な措置に訴えつつ農業改革を断行した。彼の狙《ねら》いは独立自営農民を生み出すことだった。また地方経済会議を新設し、地方自治機関ゼムストヴォに活動基盤を作り上げていた自由主義者たちを、地方行政に直接関与させようとした。こうした政策によって、新しい体制の支持基盤を議会にも社会にも生み出そうとしたのである。彼の一連の政策は、革命勢力ばかりか、地主貴族層からなる守旧派からの反発を招いたが、他方では穏健な自由主義者などを惹きつけた。

このような展開は、レーニンやコーバが属するロシア社会民主労働党に厳しい試練のときが訪れたことを意味した。ボリシェヴィキとメンシェヴィキは、一九〇五年の社会運動が高揚していたときに一時的に和解に向かったが、運動が下火になると、再び泥沼の論争に突入した。メンシェヴィキ・グループの中では、立憲体制に移行した状況では、労働者の利害を代表する社会主義者の党は、ブルジョアジーと協力して行動すべきだと唱える者が多数であった。実際、彼らが信奉するマルクス主義では、経済が封建主義段階から資本主義段階へ向から過程では、ブルジョアジーが改革や革命で中心的役割を果たし、労働者は社会主義を目指す次の段階で中心的役割を果たすと考えられていた。言うまでもなく、ヨーロッパ諸国がたどった歴史の過程を、ロシアも繰り返すと考えたのである。このような想定の上に、メンシェヴィキは自分たちの目指す社会主義はブルジョアジーの権力掌握の次に来るとみなしたので、その主張は基本的に穏健になった。

他方、ボリシェヴィキ・グループを率いるレーニンは、古い体制と妥協しがちなロシアのブルジョアジーに、革命的転換を担うだけの意思も力量もないと考えた。それでも彼は、一九〇五年に農民が示した反抗姿勢を評価し、労働者と農民が同盟してロシアを民主化し、その後に社会主義革命を目指すべきだという新方針を唱えるようになった。また革命を目指す社会民主労働党員も、議会選挙に参加すべきだと主張した。レーニンは社会主義革命という最終目標を目指しつつ、それまでの過程では柔軟に対応すべきだと考えたのである。しかし、社会の変化は彼の予想に反して進んだ。農民はストルイピンの進めた改革に反発しつつも、組織だった抵抗活動を続けようとはしなかった。この結果、ストルイピンが首相として登場して二年余り経つと、ロシア経済は一九世紀末と同じほどに順調に発展していった。社会は革命運動などなかったかのごとき様相を示すようになった。

エカチェリーナ・スヴァニッゼとの結婚

こうした状況のために、ボリシェヴィキ・グループの中にさえ、目指すべき社会主義革命の可能性がなくなったと考える者が出てきた。コーバはそうした転換組と一線を画し、一九〇五年当時の急進的な姿勢を保ち続けた。しかしその彼にしても、明らかにこの状況に影響を受けていた。一九〇六年七月に、彼はエカチェリーナ・スヴァニッゼ（一八八二～一九〇七）と結婚式を挙げたのである。誕生年をいつと考えるかで異なるが、このときコーバは二六歳か二七歳なので、彼が師事するレーニンや、後年に彼の生涯のライヴァルとなるトロツキー（一八七九～一九四〇）と比較すれば、やや遅い結婚と言える。

新婦のエカチェリーナについては、現在もあまりよく知られていない。一時は、彼女は革命家の娘で、夫の活動に共感を寄せていたとする解説が示されていたが、現在ではその説に根拠はなく、むしろ彼女は名前が同じコーバの母親と同じく、信心深い女性で、毎夜夫が革命活動から離れるよう祈るような女性だったと言われている。そのような女性と、僅かな友人を集めてささやかな結婚式を挙げた事実は、コーバの心境に一定の変化が起こっていたことを示している。

結婚式を挙げた後、コーバはエカチェリーナが病気で亡くなるまで、小さな家で家庭を営んだ。彼女が死んだとき、彼は周囲の者に悲しみに沈む姿を見せたという。最初の結婚はそれ以外にも不幸な結果をもたらした。病身の妻よりも革命運動を優先した彼と、生まれたばかりの息子ヤコフ（一九〇七〜四三）との関係は、複雑なものにならざるをえなかったのである（なお、ソ連の公式の資料ではヤコフの生年は長く一九〇八年とされてきたが、近年では一九〇七年と訂正されるようになった。エカチェリーナの没年から見て、こちらが正しいとみなした）。

チフリス現金輸送車襲撃事件

妻が亡くなった一九〇七年には、これに劣らず重要な事件が起こっている。チフリスで同年六月に発生した現金輸送車襲撃事件である。この種の事件は革命家の中では「収奪」と呼ばれ、かなり前からロシア中で展開されていた。なかでもコーバが活動するカフカースは、その頻発地域として有名であった。たとえば一九〇五年と一九〇六年には、チフリス軍管区だけで、同様の事件と目される「収奪」によって三〇〇〇人を超える人々が死傷していた。言うまでもなく、ボリシェヴィキ・グループだけがこの種の事件を起こしていたのではなかった。メンシェヴィキ・グループやアルメニア人の革命組織ダシナキも、この種の活動に従事していた。彼らは革命のために、また当局によって殺害された仲間の復讐のために、武装する必要があると考え、武器を購入する資金を非合法的手段によって調達しようとしたのである。

当然ながら、こうした行動は彼らを社会から疎外させ、運動への支持を弱める危険性をはらんでいた。ロシア社会民主労働党の中央も、こうした行動がはらむ危険性を無視できなくなり、一九〇七年半ばに開かれた統一大会において、党員の「収奪」への参加と「パルチザン的活動」を禁止する決議を採択した。

にもかかわらず、その直後の六月にチフリスで現金輸送車襲撃事件が起こった。よく組織された一群の男女が、普段から人出の多いエレヴァン広場において爆弾を投げ、現金輸送中の車から二五〇万ルーブルという大金を強奪したのである。このとき、事件の巻き添えになって一〇人以上が死亡し、それ以外に多数の者が負傷した。事件によって生じたひどい混乱のために、警察は犯人を特定できなかった。しかし、社会民主労働党の周辺では、事件後どこからともなくコーバが張本人であるとするうわさが広まった。彼は実行部隊に加わっていなかったが、この事件に関与した一団を背後で操っていたというのである。一九一七年の革命によって権力をとった後、つまり、もはや警察に追及されなくなったばかりか、革命運動への「貢献」が声高に主張されるようになったときでも、コーバ（スターリン）は事件との関わりについて説明らしい説明を与えなかった。

歴史家の中でこの問題に関するロシア社会民主労働党（ソ連共産党）関連文書を最もよく調べたとみられるハンガリー人、ミクロス・クーンは、メンシェヴィキ・グループが中心となる調査委員会によって作成された調査書に基づいて、スターリン（コーバ）は一九〇四年末、もしくは一九〇五年初めから複数の収奪の計画に関わっていたようだと結論づけ、このエレヴァン広場の現金強奪事件についても彼は確実に関わっていたと論じている。言うまでもなく、メンシェヴィキ・グループに属する人々は、レーニンに心酔するスターリン（コーバ）がこの事件の背後にあると突き止め、彼を査問にかけて党から追放しようとした。このとき党内の調査委員会は彼を党から追放する決定をしたとする説もある。しかし、どうやら調査報告が出たときには、すでにボリシェヴィキとメンシェヴィキの対立が進行して、党組織は正式に彼の追放を決めるところまでは行かなかった。

コーバ主導か、レーニンの指示か

この件で最も大きな問題は、はたしてこの事件は、コーバのイニシアティヴでなされたものだったのかという点にある。そうだとすれば、まさしくこの事件は、目的のためには手段を選ばない彼の非人間性を示すものだという主張に一つの根拠を与えるかもしれない。しかし、そうではなくて、社会民主労働党内のボリシェヴィキ・グループ、つまり当時コーバが従っていたレーニンの指示でなされていたとすれば、この事件をもって彼の人間性を判断するのはいささかバランスを欠いていると言わねばならない。

実際、この事件の場合には、明らかにカフカースのボリシェヴィキ・グループを超えた組織が関与していた。たとえば、翌一九〇八年には、スイスの銀行で強奪した紙幣を交換しようとした別の党員が逮捕された（高額紙幣は番号が控えられていたので、すぐに警察が動いたのである）。逮捕されたのは、それまでコーバとあまり深いつながりを持っていなかったマクシム・リトヴィノフ（一八七六～一九五一）であった。リトヴィノフは、一九〇六年頃からレーニンの指示を受けてヨーロッパ各地で革命運動のために武器の購入を図っていたので、銀行での両替もそうした活動の一環であったと考えるのが自然である。つまり、ロシアでスターリンの伝記を出版したニコライ・カプチェンコが指摘するように、具体的証拠はないものの、レーニンがこの事件に関わっていたと考える方が論理的に見て無理がないのである。

先に挙げたミクロス・クーンも、当時のボリシェヴィキ・グループの収奪事件全体を説明する際に、レーニンと当時の幹部層二人が党内に秘密の「財務委員会」なるものを構成し、彼らが収奪によって手に入れた資金をロシア社会民主労働党の中央委員会ばかりか、ボリシェヴィキ・グループの大多数にも秘密にして処理していたと記している。クーンは財務委員会の活動とエレヴァン広場の現金輸送車襲撃事件を直接に結びつけていないが、このように書くことでレーニンがこの事件に関与していたことを強く示唆しているのである。

コーバはチフリスの事件前にロンドンでの党大会の場でレーニンに会っていたので、そのときにこの種の行動について協議した可能性が高いと言えよう。もしもこの推測が正しいとすれば、先に挙げた目的が手段を正当化すると考える政治姿勢は、コーバ個人にではなく、レーニンと彼の周辺、あるいは当時の革命家の中の多くの人々に帰すべきものなのである。それでもこの事件に関して言えば、もし首謀者がレーニンであれば、もう少し犠牲者が少ない方法をとったはずだという議論も成り立つかもしれない。しかし、この点はあまりに仮定を重ねているので、議論をしても仕方がないように見える（レーニンとテロルの関連は、次章で少し詳しく扱う）。

深まる孤立感

いずれにせよ、結婚も収奪事件も、この時期に革命家としてのコーバが直面していた絶望的状況と深く結びついていたと考えられる。彼が属する社会民主労働党は一九〇五年に噴出した大規模な社会運動に対応できず、その後はさらに内紛を繰り返していた。当時コーバは党のそうした状況に苛立《いらだ》ちながら、進むべき道を探っていたのである。

同時にまた、この時期に経験した家庭生活の不幸と現金強奪事件の波紋が、彼に与えた影響についても考えないわけにはいかない。この点を明瞭に示す史料はほとんどないが、確かなことは、事件後にコーバがチフリスを離れてしばらく行方をくらまし、一九〇八年になってバクーの石油労働者の中に現れたという事実である。彼はそこで「経済的テロル」を行うべきではないと主張するビラを出した。このビラによれば、労働者は「絶えずブルジョアジーを恐怖させておかねばならない」が、「このために必要なのは経済的テロルではなく、労働者を闘争へ導くことのできる、がっちりした大衆組織」であった。ここに、彼なりの方針転換が示されているのかもしれない。しかし、あまりに辻褄《つじつま》の合わない転換を考えると、党内で進む査問から逃れるために、このような文書をわざわざ作成した可能性も否定できなかった。

コーバはこの時期、生まれたばかりの子供をグルジアに住む妻の両親に預けて、自分は先の見えない革命運動に関わっていた。彼の属するボリシェヴィキ・グループは、彼に直接関係のない問題で分裂状態にあり、とても収奪事件で彼のために弁明してくれる者がそこから現れるとは期待できなかった。彼がこうした経験を通じて孤立感を深め、革命運動の中でも頼りになるのは自分だけだと考えたとしても何の不思議もなかった。

流刑、脱走、密告

子供が生まれた時期に、そうした孤独な歩みをさらに強いる事件が起きた。コーバは再び逮捕され、二度目の流刑を宣告されたのである。このとき当局は、コーバがチフリスの現金輸送車襲撃事件に関与していたことまで突き止められなかった。だから、コーバは裁判も受けることなく、長々と拘束された後に流刑処分を受けた。

その後のコーバは、流刑先からの脱走と監視つきの流刑処分への逆戻りを繰り返した。保安当局は、逃亡を繰り返すコーバを執拗に追い駆けまわした。こうして、流刑先から逃げ出すたびに、社会民主労働党内に送り込まれた当局のスパイと、密告者のために、コーバはその居所を突き止められた。この状況では革命運動は、確かに勝つか負けるかの戦いだったのである。結局、彼はこの戦場で小さな敗北を繰り返し、長い間、厳しいシベリアの北部地域で暮らすか、長く一ヵ所にとどまることのない逃亡生活を続けるか、いずれにしても楽しみのない生活を続けた。この時期がどのように過ぎていったのか、彼の存命中に出された公式史料からまとめておこう。


一九〇八年三月、逮捕。これは一九〇九年六月のヴォログダの流刑先からの脱走で終了。

一九一〇年三月、バクーで地下活動中に逮捕。その後一九一一年六月に刑期満了で釈放。

一九一一年九月、近寄ることが禁じられていたペテルブルグにいたことが判明し、逮捕。

その後、再度ヴォログダに流刑されたが、一九一二年二月にそこから脱走。

一九一二年四月、逮捕。シベリアのナルィムに流刑の後、九月に脱走。

一九一三年二月、ペテルブルグ滞在中に逮捕。今度はシベリア、エニセイ河近くの町トゥルハンスクに流刑された。ここでの流刑生活は四年続き、一九一七年春に首都で革命が勃発したことを受けて、自由の身になった。

コーバ（スターリン）についての警察資料（1912年）

以上は概略に過ぎず、実際には、彼は流刑中に密かにペテルブルグやカフカースに行き、逮捕されないうちに再び流刑地に戻るという離れ業もしてのけていたので、何回逃亡したのかという点でさえ明瞭ではなかった。確かなことは、コーバ（スターリン）がこのとき味わった辛苦は、普通の人間であれば、心身に深い影響を受けるほどのものだったという事実である。何度も変装を見破られ、逮捕された人間が他人を容易に信じなくなるのは自然である。観察眼が鋭くなり、近寄ってくる者が敵か味方かいつも判断する思考癖を身につけたのも不思議ではない。この状況で機転を利かして生き残る術を学ばなかったはずはなかった。いずれも、確かにスターリンの生得の性格の中に組み込まれていたのかもしれない。誰もそのことを証明することはできない。しかし、少なくとも前記のごとき経験がこうした傾向を強め、逆にもともとあった優しい心を押し殺す作用を果たしたことは否定できないだろう。

苦節の日々

それでもスターリンはまだ完全には「鋼鉄の人」にはなっていなかった。そのことを示す文書が、一九九六年にロシアで刊行された史料集に収録されている。一九一三年一一月にトゥルハンスクにあった彼が、社会民主労働党の「同志」ロマン・マリノフスキー（一八七六～一九一六）に宛てて送った以下のような手紙である（実際にはマリノフスキーは保安当局が革命組織に送り込んだスパイであったが、当時のスターリンは、レーニンたちと同様に、そのことを知らなかった）。

「親愛なる友へ。手紙を書くのは気まずいが、仕方がないのだ。今まで、これほどひどいときを過ごしたことはないと思う。金はすべてなくなった。ひどい寒さが始まった（零下三七度だ）。そのせいで、どうもたちの悪いセキが出始めた。身体全体は病気気味だし、パンも砂糖も肉も灯油も蓄えがない（金はすべて当面の出費と衣服と履物でなくなった）。蓄えがないと、ここでは何でも高い。（中略）牛乳も薪も必要だが、金がない。金がないのだ。友よ。この状態でどのように冬を過ごしたらよいのか、俺にはわからない。俺には金持ちの身内も、知り合いもいない。誰にも頼めないのだ。だから君に頼んでいる。君だけでなく、〔党員の〕ペトロフスキーやバダーエフに頼んでいる。俺の願いは、社民党の議会グループにまだ『抑圧者救済基金』が残っているなら、そのグループに、より望ましくは〔党の〕在外ビューローに、私宛てに、一回だけ、せめて六〇ルーブルだけでも送らせてくれ。（中略）もし、もはやそのような基金がないのなら、皆で一緒に何かよい方法を考えてくれ。皆は、特に君には時間がないことは承知している。しかし、もはや頼む相手がまったく思いつかないのだ。君に一本も手紙を書かずに、ここでくたばるのは嫌だ」

人間的付き合いをできるだけ限定し、革命運動にすべてを賭けてきたコーバも、ここで自らの死を意識せざるをえなくなったのである。この手紙によって、彼が僅かでも金銭的援助を得たのかどうかは不明である。しかし、この文面は、彼がまだ仲間を疑いきれない弱さを有していたことを証明している。きっと権力の座に就いたとき、スターリンは若い時分の愚かさを確認したであろう。

これに関連する話題として、ソ連史研究者の中に一つの興味深い説があることを紹介しておこう。それは、当時のロシア社会民主労働党員は、一九〇六年以降の運動の退潮期に国外に亡命し、一九一七年の革命後にようやく帰国した人々と、あくまでロシア国内にとどまり、スターリンのようにぎりぎりの生活に耐えながら運動を続けた人々に大別されるとし、一九二〇年代半ばの権力闘争でコーバ（スターリン）が最終的に勝利したのは、後者の国内組が自分たちと経歴の似ている彼に好意を寄せたからだと主張するものである。

確かに、身の危険をかえりみずに国内で「苦節の日々」を過ごした人々が、海外で理論活動に精を出し、革命が成功した後に帰国して指導的地位に就いたインテリ組に対して不満や妬《ねた》みを抱いたというのは、ありそうな話である。もしこれが事実だとすれば、この時期のスターリンの苦労は、後の彼の出世に大いに貢献したということになろう。しかし、この説で一九二〇年代に彼を助けたとされる国内組の中からも、後のスターリンの支配期に、亡命インテリ組と同様に粛清された者が多数出たことも事実であり、ここでの区別は、あったとしても相当に曖昧なものであった。

党組織を論じる

最後に、この章で言及しておく必要があるのは、コーバ（スターリン）が流刑と逃亡の間に生じた時間を利用して書いた論文である。この時期にも彼は、先に関心を示した二つの問題――党組織と民族の問題――について、考え続けていたのである。

第一の党組織の問題では、一九〇九年八月にバクーの非合法党機関紙に発表した「党の危機と我々の任務」が重要である。そこで彼は、まずロシア国内の党組織が大幅に縮小しているばかりか、組織としてのまとまりを失っている事実を指摘した。たとえば、一九〇七年に約八〇〇〇人の党員を数えていたペテルブルグでは、現在は「やっと三〇〇〜四〇〇名」に過ぎなくなっており、しかも同地の党員は、遠いカフカースで何が起こっているか知らない状態にあると書いた。その上でコーバは、このような状況を克服するためには、地方の党組織は、大衆の政治的利益ばかりか日常の要求を擁護する活動に従事すべきであり、また中央の党組織はロシア国内で全ロシア的な新聞を発行すべきだと主張した。

後者の全ロシア的新聞に関しては、彼は全党的な協議会や在外の機関紙も重要だが、もはやそれだけでは党組織をまとめることはできないとも主張した。こうした議論は、明らかに国外にいる党員よりも、彼のような国内活動組の意見を重視すべきだという意見を表していた。

近年ロシアで出たスターリン伝の中でも、ここに彼のレーニン批判を見るものがある。確かに、現場の活動家が革命運動を担っているという自負は、コーバにとっては当然の議論であったろう。また、もちろんレーニンも、これを読んですぐに在外組に対する批判を感じ取ったであろう。しかし、ボリシェヴィキ・グループの指導者は、コーバ（スターリン）こそが弱体化する党組織を支える重要な人物であることもよく理解していたと見られる。このことは、一九一二年一月にプラハで開かれたボリシェヴィキ党の全党協議会の後に、レーニンがコーバを中央委員に加えた事実が示している。このとき彼は流刑中であったが、そのことは彼の中央委員への選抜に何の障害にもならなかった。明らかに、レーニンはボリシェヴィキ党にとって不可欠の活動家として彼を高く評価していたのである。

党組織の問題について、コーバ（スターリン）は同年三月にも論じている。このときの短文「党のために！」は、「国内では政治生活への関心が復活している」と書き出していた。これは前述の党協議会の開催という事実を受けたものと見ることも可能だが、より広く、前年の秋にストルイピン首相が暗殺された事実を指していると考える方が適切であろう。ストルイピンの改革は、共同体による土地の平等利用を求める農民の多くにも、また旧来の体制維持に固執する官僚や貴族層にも不満を引き起こしていた。もともと立憲体制への転換を渋々受け入れたニコライ二世には、ストルイピンの改革の意義が理解できなかった。こうして彼の改革は、ロシアに生命力のある独立自営農民層を生み出すことに失敗した。

ともあれ、今度の論文でコーバは、今のうちから、予想される民衆の決起の際に指導的な役割を果たすことができる党組織を整備すべきだと主張した。彼によれば、そのためには、いたずらに党員の数を増やすべきではなかった。むしろ重要なのは「同志の質」であり、労働者大衆と結びつき、彼らの提起する問題に応えるという「複雑な党活動」を行うことができる党員であった。また、党中央委員会は、地方組織と深く結びつき、「全プロレタリアの決起のすべての事業にうまずたゆまず関与」し、「広範な政治的宣伝のために、ロシア国内で発行される非合法新聞を」持たねばならなかった。

この文章からうかがわれるのは、コーバが党組織を非常に実践的に捉えていたという事実である。彼は地下活動に長く従事するうちに、政治とは組織に依拠するものだと深く認識するようになっていたのである。まだこの時点では誰にも不明であったが、ロシアが立憲体制以外の政治体制を選択した後は、「複雑な党活動」をこなす党員が、議会制度を持つ国の議員や有力官僚と同じほどに統治のために大きな役割を果たすようになるのである。

民族と共産主義を論じる

この時期の彼は、党組織論と同じほどに重要な民族問題を扱う論文も書いていた。この問題を扱う論文は、スターリンが革命前に書いた唯一の理論的著作と評されてきたもので、一九一二年から翌年にかけて「民族問題と社会民主党」と題して合法的雑誌に公表された。その後、「マルクス主義と民族問題」と改題され、「K. スターリン」の署名をつけて小冊子として刊行された。

ちなみに、この論文については、何度も本当に彼の著作なのかという疑問が提示された。なかでも、ロシア革命後にスターリンの最大の政敵となるトロツキーは、この論文はレーニンの思考をそのまま反映したもので、スターリンの著作とは認められないと主張した。実際、スターリンがこの論文の主要部分を書いたのは一九一二年九月に流刑先を脱走し、クラクフとウィーンにしばらく滞在していた期間であった。このとき彼は、珍しく長時間レーニンから直接的教示を受けることができる状況にあった。

さらに、スターリンのドイツ語能力は低かったので、この論文で引用されているドイツ語史料は、一般に、ブハーリン（一八八八～一九三八）と、昭和初期に駐日全権代表（大使）として活躍するトロヤノフスキー（一八八二～一九五五）が彼のために集め、ロシア語訳したものだと言われている。しかし、この論文が基本的にスターリンの著作であることを疑う研究者は今ではあまりいない。以下がそのような判断の根拠になっている。

第一に、先の議論に付されたトロツキーのスターリン評価がまったく説得的でないのである。彼の言に従えば、「あまりに頑迷であり、あまりに愚鈍である」スターリンに、このような高いレベルの理論的論文が書けるはずはない、というのである。

第二に、この論文の独特の文体である。スターリンの文体は非常にシンプルで、力強い。これは、彼が自分の母語でないロシア語で文章を書いたからだと思われる。また、小さな疑問と結論を繰り返す論証スタイルは、彼が神学校で身につけたものであろう。レーニンやブハーリンの論文に見られる文体は、これとまったく異なっていた。彼らは論争的で複雑な論理構成を伴う文章を得意としており、「マルクス主義と民族問題」の文章の組み立て方は、彼らのそうした文章スタイルと一致しなかった。

第三に、当時のレーニンとスターリンは、社会主義者は少数民族の民族自決権の行使まで認めるべきだと主張していた点では一致していたが、微妙なニュアンスで異なる方向を見せていた。すなわち、レーニンはこの時期、ほとんど何のためらいもなく少数民族の民族自決権を擁護していたが、この論文で前面に出ているのは、そうした留保なく民族自決権を認めるべきだという主張ではなく、当時オーストリア人社会主義者やロシア国内のユダヤ人社会主義者が唱えていた帝国内の少数民族問題の解決策、つまり「民族的文化的自治」の要求はロシア帝国の革命運動にとって受け入れられないという主張であった。

おそらく、この論文で示されている少数民族問題の解決策は、スターリンがよく知るカフカースの民族状況を下敷きにしていた。論文の筆者によれば、少数民族の問題の解決は地域単位の自治制を認め、それと併せて全国レベルではロシアのあらゆる民族の出身者を含む政党を生み出す方向にこそあった。この論文の説明によれば、「民族的グループの万華鏡であるバクーで民族間の衝突が今ではもう不可能になっている」のは、カフカース社会民主党が、このような地域のあらゆる民族によって構成されているからであった。当時のカフカースにおける現実は必ずしもこのような見通しを裏付けていなかったが、同地域で長年活動してきたスターリンの目にはこのように見えていたのだろう。

以上よりすれば、この民族問題についての論文は、基本的にスターリンが書いたものだと認定すべきであろう。そのようにして読むと、この論文は、想定される批判を整理し、その一つ一つに反論を重ねていく構造が非常に明瞭で、書き手の成熟した思考力を示していた。しかも、ここから出てくるのは注目に値する結論である。つまり、この論文によれば、「民族」とは、共通の言語を持ち、特定の地域に一緒に住み、共通の経済生活を営む、歴史的に構成された共同体であるが、ロシアの社会主義者はこうした特徴をすべて持つ民族の民族自決権を含む多くの権利を擁護すべきだというのである。

彼のこの主張は、やがてロシア革命が起こったとき、多くの少数民族にロシア共産党をツァーリに代わるロシアの支配者として受け入れさせる際に大きな役割を果たした。そのときロシア共産党は、スターリンの論文があったので、自分たちは帝政の復活を目指す勢力と異なり、少数民族の権利を尊重していると主張できたのである。その意味で、この論文は将来に向けて革命運動に重要な礎石を据えるものだった。

理論より現実

いずれにせよ、スターリンが関心を寄せ続けた党組織論も民族問題も、当時の社会主義者の中ではあまり関心を惹く問題ではなかった。当時、社会主義者の多数が注目したのは、産業社会の中で経済的に虐げられた「プロレタリアート」と呼ばれる人々であり、経済的に社会を支配する「ブルジョアジー」と呼ばれる人々であった。彼らは、こうした「階級」を中心に事態を見ることに慣れていたので、「民族」の問題を二義的なものだとみなしていたのである。また党組織についても、多くの党員はそれを、自己犠牲的精神を持つ革命家の集まりとしてしか認識しておらず、ロシアのような政治的組織化の遅れた社会では、民衆を動員し、指導するための基本的な政治組織だとは考えられなかった。

当時のロシアの多くの社会主義者は、こうした問題よりも、先進的なヨーロッパにおける社会主義革命と後進的なロシアで自分たちが進めている革命運動の関係や、ロシア社会の発展経路とヨーロッパ社会の発展経路との異同に関心を寄せていた。興味深いことに、この時期のスターリンは、こうした「理論的問題」にほとんど関心を示さなかった。そのために、一九一七年秋までに彼が書いた著作をたどっても、彼がどのようなイメージを「社会主義」に抱いていたのか判然としないほどである。

この点では、彼は師と仰ぐレーニンと明瞭に異なっていた。未来社会についてのレーニンのイメージもけっして具体的とは言えなかったが、それでもレーニンは一九一七年までにいくつかの論文を書き、資本主義から社会主義への移行とは、「特権的少数者の特殊な制度（特権的な官吏、常備軍の指揮幹部）に代わって、多数者自らが、直接、このこと（国家権力の機能）を遂行することができる」ようになることだと語っている。言い換えれば、彼は、資本主義が生み出した大生産様式や工場、社会的インフラを基盤にして、支配的な立場にある者（支配者階級）と普通の民衆（被支配階級）の間に、政治的社会的に（当然、経済的にも）限りなく平等な社会を実現することが社会主義への移行だと語っていた。

これに対してスターリンは、この点で何も明瞭に語ることがなかった。おそらく彼は、革命によって貧富の差や社会的差別が一掃されるという程度のことしか、考えていなかったのである。

しかし、その代わりにスターリンは、党組織論とロシア帝国の多民族性という個別の問題に強い関心を示した。ここで先走って言えば、この二つの問題についての知識こそ、革命によってロシア帝国が崩壊した後に、統治者がこの領域を統治する段に必要不可欠な条件であった。確かに、革命後の社会に階級的対立がなくなり、統治の問題がなくなれば、このような知識は不要になったのかもしれない。当時のロシアの社会主義者の多くは、漠然とそのように考えていた。しかし、スターリンはそのような独りよがりの論理にまったく関心を寄せなかったのである。

以上述べてきたように、コーバからスターリンへと変貌していくヨシフ・ジュガシヴィリは、客観的に見れば、ひたすら現実の運動に集中することによって将来のソヴィエト・ロシアの統治者となるための基本的素養を蓄積していた。付け加えておけば、このような彼の方が、現在のロシア人の多くにとって、当時の最先端のヨーロッパ的教養を持ってロシアに社会主義革命を実現しようとしていた人々よりも、はるかに身近で、理解しやすい存在なのである。

第4章　ロシアの革命と内戦

第一次世界大戦の被害

ロシアは、日露戦争が終結してから一〇年も経たないうちに第一次世界大戦に突入した。今度の戦争では、民衆は日露戦争のときに比べるとはるかに積極的に戦争を支持したが、官民の協力関係は三年と持たなかった。一九一七年三月（ロシア暦では二月）に革命が勃発《ぼっぱつ》して、三〇〇年余り続いたロマノフ朝が瓦解《がかい》したのである。

民衆の体制に対する信頼を喪失させた要因はさまざまであるが、長引く戦争が彼らの戦意を喪失させ、革命に導いた大きな要因であったことは確かである。ロシアの科学アカデミー付属世界史研究所が二一世紀初頭に出した研究によれば、第一次大戦の間に戦場で戦い、死亡、行方不明、あるいは捕虜となり、帰国しなかったロシア帝国民の数は、六四万三六一三人から約三〇〇万人の間であったという。言うまでもなく、一九一七年のロシア革命とその後の大幅な国境の変更によって正確な統計資料を作ることが困難だったので、このような大雑把な数字しか示せないのである。同書が信憑性のある軍の損失数として示す数字は、戦場から帰還することのなかった軍人が二八五万四六〇〇人、帰還することのなかった非軍人が四四万七二〇〇人というものである。これは、ロシアが第一次大戦の交戦国の中で最も多くの犠牲者を出した国であったことを意味する。

経済の国家管理

ここで先回りして、第一次大戦がロシア社会にもたらした知的レベルの影響を述べておこう。もとより多くの見方があるが、スターリンに即して言えば、以下の二点が重要であろう。第一は、戦時中にロシアの上層部が戦時経済の運営を通じて、国家が経済を全面的に管理するという考えを受け入れたことであり、第二は、知識人層の中にこの戦争は資本主義の最終局面に関わるものだという認識を植え付けたことである。

まず前者の経済の問題では、ロシアの指導層が国家管理の経済という構想に最初に本格的に着手したのは一九一五年のことであった。この年になってようやく、各界の代表を集めて、軍需物資を中心に経済の管理に関わる権限を持つ特別審議会を発足させたのである。この特別審議会は、運輸、燃料供給、食糧、国防の四つに分かれ、一定の成果を挙げたが、省庁間の縄張り争いのなどのために国家全体の経済を円滑に管理するところまで進まなかった。しかしそれでも、中央の管理をもっと上手にやれば、全国的規模で、しかも効率的に、国家機関が経済を運営できるはずだとする認識を革命後の社会に伝えた。

この点で、一九一七年一一月（ロシア暦では一〇月）に成立したレーニン政権はより積極的であった。レーニンはロシアが戦争から離脱した直後の一九一八年四月に、「集権化され、計算され、統制され、社会化された」経済を「国家資本主義」と呼び、これこそ目下の自分たちに必要なものだと主張した。彼の発想の根底にあったのは、ヨーロッパ諸国で実施されていた戦時統制経済のモデルであった。しかし、この時期のレーニン政権には、このような政策を実現するだけの力はなかった。それでも、レーニンは国家が国民経済に直接関与する方向にこそ未来があるとする認識を主張し続けた。興味深いことに、当時のスターリンの書いたものには、このような認識はまったく見出せなかった。それにもかかわらず、彼は一九二〇年代末にこのアイディアに飛びつき、「経済建設五ヵ年計画」を実施して、国家が管理する経済の実現という未曽有《みぞう》の課題に取り組むのである。

「死滅しつつある資本主義」

もう一つの知的影響は、戦争がもたらした資本主義の時代が終焉《しゅうえん》しつつあるというイメージである。もちろん、開戦時にこのようなイメージを抱いた者は、多数の革命家を擁したロシアでもほとんどいなかった。例外はレーニンであった。彼は第一次大戦の勃発後にスイスに移り、このようなメッセージを発し始めた。彼によれば、戦争は偶然でなく、資本主義が不可避的に生み出す一過程に過ぎなかった。

一九一五年以来、彼が書いた帝国主義に関する論文によれば、現在進行中の戦争は、資本主義が帝国主義の段階に成長転化した後に勃発した帝国主義戦争であり、帝国主義とは「死滅しつつある資本主義」を意味した。レーニンがこのような言葉に込めたメッセージは明快で、今やヨーロッパ諸国は資本主義の次の段階である社会主義の前夜にあるというのである。だから、ロシアの社会主義者はツァーリ体制を打倒して、ブルジョア革命を徹底させ、自分たちの革命がヨーロッパにおける社会主義革命の導火線になるよう努めるべきであった。また、経済先進地域のヨーロッパ諸国の社会主義者は、それぞれの国において直接的に社会主義革命を目指すべきだというのである（当時のマルクス主義者は、基本的に、人類社会は封建制の段階から資本主義の段階を経て、資本主義が成熟すると社会主義の段階、さらに共産主義の段階に進むと考えていた)。

戦争が長引き、諸国の中に厭戦《えんせん》感が広がると、戦争批判の声はヨーロッパ全域で無視できないものになった。特に戦争遂行能力を失いつつあったロシアでは、どのようにしたら戦争を止めることができるのかという問題が人々の重大な関心事になった。このことは、一九一七年春にロマノフ王朝が倒された後も変わらなかった。革命後の臨時政府に参加した穏健な社会主義者が、自由主義的志向の政治家と協力する路線を支持し、戦争の継続を図ったからである。

四月にスイスから帰国したレーニンはこの状況に強く反発し、臨時政府に代わって労働者と農民の代表を集めたソヴィエト(評議会)が権力をとれば、ロシア国民は公正な講和を獲得できると主張した。彼の主張は、臨時政府を倒した後に権力をとるソヴィエト政府は、すぐにすべての交戦国に即時の無併合・無償金の講和をするよう呼びかけ、ヨーロッパ諸国の中に社会主義革命を引き起こすよう努めるべきだというものであった。そうすれば、現在の戦争を引き起こしている帝国主義そのものを一掃できるというのである。生活条件がますます悪化する中で、何としても平和を得たいと考えるようになったロシアの民衆は、次第に彼の訴えに惹きつけられていった。

だが、このような見通しをもって権力を掌握したレーニンが、一九一七年一一月に実際に全交戦国に対して即時講和を呼びかけても、ヨーロッパの国々に期待した革命は起こらなかった。それでもレーニンは、自分たちの革命がヨーロッパにおける社会主義革命と結びついて完成するという主張を保持し続けた。

言うまでもなく、このように考えた革命家はレーニンだけではなかった。一九一七年の夏にボリシェヴィキ党に合流したトロツキーも、ロシアの革命はロシア一国にとどまることはありえず、「ヨーロッパ諸国間の経済的、軍事的、政治的相互依存関係」によってヨーロッパ全体に波及し、社会主義革命につながると展望した。彼はレーニンのように、ロシアは革命の次に労働者と農民の独裁という段階を経て、社会主義に至るという考えを明示しておらず、その点ではレーニンと同じ考えだったとは言えなかった。しかし、ロシアの社会的経済的条件が社会主義を生み出すほど発展していないので、ロシアの革命はヨーロッパにおける社会主義革命と結びついて初めて社会主義社会を生み出すはずだと考える点では、両者は一致していた。当時、ボリシェヴィキ党内の若手理論派として頭角を現してきたブハーリンも、経済後進国であるロシアにおいて社会主義革命を実現できるのは、「ロシアの革命が古い資本主義国に波及し」、そこで社会主義革命が起こるからだと主張した。

コミンテルンと一国社会主義

このように、一九一七年一一月にロシアにおいて権力をとった人々は、経済先進地域のヨーロッパに社会主義革命の時代が到来していると考えた。この確信が彼らの中で持続したことを示す出来事が、一九一九年三月の共産主義インターナショナル（コミンテルン）の創設である。この組織は世界中の共産主義者を結集して、社会主義革命を引き起こすことを目標としていた。レーニンは第一次大戦中から、従来の社会主義インターナショナル（第二インターナショナル）は、その中から「帝国主義戦争」を支持する者を出して思想的に破産したので、新しいインターナショナルを創設すべきだと説いており、ようやくこの時期にその構想の実現に着手したのである。言うまでもなく、コミンテルンの存在はソヴィエト・ロシアと資本主義国との関係を険悪にした。

しかし、この時期のスターリンについて見ると、ここでも彼をこの問題と結びつけることは容易ではない。スターリンのこの時期の言動を追っても、彼がヨーロッパの革命についで何かしら明瞭な展望を持っていたことを示す証拠が何もないのである。たとえば、一九一七年七月に彼は、ロシアはもはや社会主義革命に進む以外にないと語ったが、このとき述べたのはもっぱら国内情勢であった。この問題に関連するはずの国際情勢について、彼はまったく言及しなかった。また翌一九一八年一月には、彼は党中央委員会の討議でヨーロッパに革命運動はないと発言して、他の者から国際的視点を欠いていると批判された。

要するに、当時のスターリンはこの点で党内指導層の中では異質な存在であった。一言で言えば、国外にあった党員の多くの者がロシアの革命とヨーロッパの社会主義革命の理論的関係に注目していたのに対して、彼は革命をロシア帝国の規模で考えていた。スターリンにしてみれば、自分たちの進めてきた革命の命運が、他国に社会主義革命が起こるか否かによって決まるなどと考えるわけにはいかなかったのである。しかし、そのような考えは、他の指導的党員からすれば、ヨーロッパの社会主義革命という本来の目標を無視した素人的議論であった。それでもスターリンは、自分のこの観点を発展させることにより、やがて「一国社会主義論」という独自の構想を生み出していくのである。

以上の二点は、スターリンが党内の権力闘争で勝利する過程で非常に大きな意味を持つことになる。しかし、この点の詳しい説明は次章に回し、以下ではもう一度一九一七年に時間軸を戻して、革命と内戦の中でのスターリンの言動を追うことにしよう。

精彩を欠いた革命時

まずスターリンは、首都ペトログラード（一九一四年にペテルブルグより改称した）で革命が勃発したという事実をクラスノヤルスク近くのアチンスクという小さな町で知った。前年末に彼は、徴兵検査のためにトゥルハンスクからクラスノヤルスクに移送され、そこで身体的に兵士に向かないと判断されたため、ここに仮住まいしていたのである。明らかにこのおかげで、彼はシベリアに流刑されていた政治犯の中では比較的早く、三月の半ばにカーメネフ（一八八三～一九三六）とともに首都に戻ることができた。彼らは帰還するとすぐに、ボリシェヴィキ党中央委員会ロシア・ビューローの指導的職務についた。一緒に首都に戻ったカーメネフは、モスクワ大学の学生であったときに革命運動に入ったインテリ党員で、大学に入る以前にグルジアで暮らしたこともあって、スターリンとは古くからの知り合いであった。一九〇八年から長くヨーロッパに亡命していたが、一九一四年初頭にレーニンに依頼されて党務のためにロシアに戻ってきて、そこで逮捕され、シベリアに流刑されていたのである。

スターリンとカーメネフは党の機関紙『プラウダ』の編集も指導するようになったが、そこでの対応はあまり目覚ましいものではなかった。レーニンが首都に戻るまでの数週間、『プラウダ』の編集方針は明瞭ではなく、ある場合には臨時政府を批判し、別の場合には協力を主張するという具合であった。戦争についても、臨時政府に圧力をかけて講和交渉に向かわせるという、具体性のない指針を示した。このために、帰国したレーニンがロシアの革命はすでにブルジョア段階を終えており、今や社会主義を目指さねばならないと主張したとき、スターリンとカーメネフは苦しい立場に立たされた。長く国外にあったレーニンがロシ

前列左からトロツキー、カーメネフ、ジノヴィエフ（1920年代）

アの現実とずれているのか、あるいは彼らの方が状況を見誤り、不明瞭な方針をとっていたのか、党員たちに問われることになったのである。ここでスターリンはカーメネフと異なり、速やかにレーニンを支持する側に回った。

この事実は、スターリンの権力が確立した後に政敵のトロツキーによって取り上げられた。つまり、スターリンは一九一七年の革命の中で状況の的確な把握ができない無能な革命家だったというのである。このトロツキーの評価は、その後、ソ連以外で書かれたスターリン論で繰り返された。

しかし近年では、見直しも起こっている。たとえばイギリスの歴史家ロバート・サーヴィスは、この種の議論は事態を過度に政治的に評価したものだと批判している。実際、レーニンの批判後に開かれたボリシェヴィキ党の四月協議会で、スターリンはレーニンの推薦を受けて党中央委員に選出された。さらに、このときはまだ政治局という機関は存在しなかったが、明らかに彼はレーニン、ジノヴィエフ（一八八三〜一九三六）、カーメネフ、スターリンからなる指導的機関の一員にもなった。つまり、三月の時点で彼がカーメネフとともにレーニンと異なる立場をとったことは、党内では重大な問題だとみなされなかったのである。他方のトロツキーは、一九一七年春の時点では、まだ「ロシア社会民主労働党（ボリシェヴィキ）」（長いので、通常はボリシェヴィキ党と略称される）に入ってさえいなかった。なお同党は一九一八年初頭にロシア共産党と改名した。

その後の革命の過程でも、スターリンの言動は目立たないものであった。しかし近年になって、それは彼が無策無能だったからではなく、実はボリシェヴィキ党の運営に深く関わり、組織面で活動していたからだと説明されるようになった。実際、六月、七月と立て続けに臨時政府とペトログラードの民衆との関係が尖鋭《せんえい》化して、ボリシェヴィキ党の対応が難しくなったとき、穏健な社会主義者が支配する全ロシア労働者・兵士代表ソヴィエトとボリシェヴィキ支持の民衆の双方から来る正反対の圧力を巧みにさばいたのはスターリンだった。

この状況は「七月危機」と呼ばれる事態でも繰り返された。七月一六日（ロシア暦では三日）に「全権力をソヴィエトに」というスローガンの下に、首都の兵士と労働者による臨時政府批判の武装デモが起こると、臨時政府はこれを組織したのはボリシェヴィキだと断じて、レーニン逮捕の命令を出した。このとき、地下に潜行したレーニンとジノヴィエフに代わって、八月(ロシア暦では七月末から八月初め)に開催された第六回ボリシェヴィキ党大会において中央委員会政治報告を行ったのは他ならぬスターリンだった。当時、カーメネフは逮捕されていたので、彼にこの大役が委ねられたのである。

しかしそれにしても、一九一七年の革命の過程におけるスターリンの活動は地味なものであった。いよいよ臨時政府の統治能力が弱まり、ボリシェヴィキ党内に武装蜂起《ほうき》によって権力を奪取すべきだとする議論が広がったときにも、スターリンの言動は指導者らしからぬものだった。このとき、蜂起すべきと強く主張したのは地下潜行中のレーニンであった。トロツキーはそれを全面的に支持した。これに対してジノヴィエフとカーメネフの二人はまだその時期ではないとして、蜂起に反対した。この状況でスターリンは、一方で蜂起に賛成し、他方でジノヴィエフとカーメネフの党からの除名に反対するという中間的な立場をとった。

結局、一一月(ロシア暦一〇月)に起こった武装蜂起を実際に指揮したのは、ペトログラード・ソヴィエト議長として活躍していたトロツキーであった。スターリンは、党中央委員会が設置した軍事センターの五人のメンバーの一人として蜂起に関わっただけであった。彼は翌一九一八年一一月、一〇月革命一周年の記念の日に『プラウダ』に発表した回想において、一〇月の蜂起はトロツキーの「直接的指導の下に組織された」と認めたが、権力闘争が強まった一九二四年にはこの事実を明白に否定した。それどころか、第二次大戦後に出した自分の全集に収録するときには、回想のこの部分を削除した。スターリンは長い間、革命のときの不愉快な経験にこだわり続けていたのである。

レーニンの赤色テロル

以上のような一九一七年の状況と比較すれば、その後の内戦の過程でスターリンが見せた言動ははるかに精彩に富んでいた。それは、スターリンが英雄的役割を果たしたという意味ではなくて、彼が内戦期にしばしば独自の才覚で問題を解決して、周囲の人々に強い印象を与えたという意味である。この点を誤りなく示すためには、内戦状況が始まる一九一八年初頭の状況から見る必要がある。

この時期にレーニン政権は、前年の不作と、ドイツなどとの講和条約によって穀倉地帯のウクライナを譲り渡したことなどから、首都の住民に食糧を供給できない状態にあった（なお一九一八年三月に政権はモスクワに移転し、以後モスクワが首都になった）。レーニン政権の中でこの問題を担当した食糧人民委員部によれば、四月の時点で穀物消費地域では予定の半分以下しか穀物を受けとれなかった。

この危機的事態に対処するために、レーニン政権は五月に一連の非常措置を採択した。それは、「飢餓と戦うための労働者の動員について」の布告や、「農村にあって穀物を隠匿したり、それで投機を図ったりする農村のブルジョアジーと戦うために、食糧人民委員部に非常時の全権を付与することについて」の布告などからなり、都市労働者からなる武装部隊を農村に派遣し、そこで穀物を隠匿していると思われる農民たちから強制的に食糧を徴発するというものであった。この措置は、たちまちのうちにレーニン政権と農民の関係を緊張させた。共産党の側では、貧農であれば、彼らに味方するはずだと考えた。しかし、この幻想に基づく予想は簡単に覆され、穀倉地帯である南ロシアの各地で農民蜂起が広がった。レーニン政権は反革命勢力と戦いつつ、他方で抵抗する農民たちと折り合いをつけねばならなかった。

こうした状況でのレーニンの隠された一面を示す文書が、一九九〇年代末になって初めて公表された。それは、彼が八月一一日にペンザ県ソヴィエトの執行委員会議長宛てに発した次のような電報である。

「同志諸君、クラーク〔農村の富農のこと〕の五郷の蜂起を容赦なく弾圧しなければならない。革命全体の利益がこのことを要求している。（中略）一、一〇〇人以上の名うてのクラーク、金持ち、吸血鬼を縛り首にせよ（必ず民衆に見えるように縛り首にせよ）、二、彼らの名前を公表せよ、三、彼らからすべての穀物を没収せよ、四、昨日の電報に従って人質を指名せよ。周囲数百ヴェルスタ〔当時のロシアの単位で、およそ一・〇七キロ〕の民衆がそれを見て、身震いし、悟り、悲鳴をあげるようにせよ」

ロシアの歴史家ヴィクトル・コンドラシンの研究によれば、この命令に接したソヴィエト執行委員会議長は、二一日の会議で「同志レーニンは蜂起者を処罰し、逮捕し、銃殺し、クラークを人質にとれという非常に厳しい命令を出した。〔しかし〕力不足のため、また県内で同時にいくつかの蜂起が起こっていたために、我々は、同志レーニンの指示をそのままには実行することができなかった」と説明した。

レーニンの命令は文言通りには実行されなかったのである。だが言うまでもなく、このコンドラシンの説明は、レーニンの残酷な命令に対して、理性的な地方ソヴィエトの指導者が人間的に対応したと述べているわけではない。ソ連史学においても「赤色テロル」について語ること自体はタブーではなかった。しかしソ連時代には一般に、外国勢力と反革命勢力のソヴィエト権力に対する攻撃やテロに対処するために、レーニンたちはやむなく「赤色テロル」を発動したとされてきた。これに対し、ここで述べている事実は、レーニン政権が発動したそれは、穀物調達に抵抗する農民を対象とした権力的措置であったことを示している。

レーニンは「クラーク」という言葉を使って、対象を絞っているが、「クラーク」と一般農民の区別がどのような基準によるものか、何も語らなかったのである。しかも「民衆」に身震いさせるよう求めていた。だからこそ、レーニンの前記の命令は長く公表されなかったと考えられる。「労働者と農民の国」の指導者としてのイメージとその内容があまりに乖離《かいり》していたのである。

ここで問題なのは、そうしたレーニンのイメージばかりではない。スターリンに関わる点としてより重要なのは、前記の電報に表れているレーニンの一面を隠蔽《いんぺい》したために、権力掌握の直後から生じていた共産党権力と農民の剣呑《けんのん》な関係が外部の者に長い間にわたって不明瞭になったことである。というのも、まさにこの時期にスターリンは革命の最前線にあって権力と農民の対立を目撃し、レーニンから農民の抵抗に対処する仕方を学び、やがてスターリン自身が統治者となったときに、師の行動を想起したと考えられるからである。以下、こうした観点を考慮しつつ、彼の内戦期の活動を追ってみよう。

内戦期のアピール

スターリンはボリシェヴィキが権力をとった一九一七年一一月（一〇月）に、民族人民委員（民族問題担当の大臣に該当する）としてレーニン政権の一員になったが、それだけではなく、翌年五月には南部地域において食糧調達を指揮する職務も兼務した。六月より、彼が派遣先のツァリーツィン（現在のヴォルゴグラード）からレーニンに送った報告は、基本的に後者の仕事に関わるものだった。そこに当時の彼の姿がよく表れているので、いくつか抜き出してみる（日付のみ付記したものはレーニン宛てに書かれたものである）。
「調査により、一日にツァリーツィン〜ポヴォリノ（中略）〜モスクワの線に八本以上の直通貨物列車を運転できることがわかりました。今ツァリーツィンで列車を集めています。一週間後に『穀物週間』を宣言し、約一〇〇万プードを鉄道従業員からなる特別護送班つきでいっぺんにモスクワにお送りします。このことを予告します」（六月七日）
「ツァリーツィンの南の線はまだ復旧されていません。必要なすべての者を急《せ》き立て、どなりつけています。まもなく復旧すると思います。自分であれ、他人であれ容赦はしません、ともかく穀物は出します、このことを確信していてください。（中略）ツァリーツィンの南では多くの穀物が車両に積まれています。道が通れば、すぐにも直通貨物列車で穀物を貴下のところにお送りします」（七月七日）
「穀物は南部にはたくさんあります。ただそれを入手するには、軍用列車や軍司令官などからの妨害にあうことのない組織された機関が必要です。のみならず、軍人が食糧調達員を助けることが不可欠です。食糧問題は、当然ながら軍の問題と結びついています。この仕事のために、私には軍事的全権が必要です。私はこの件についてすでに書き送っていますが、回答をいただいていません。問題はありません。それなら私自身で、形式にとらわれることなく、仕事をだめにする軍司令官とコミッサールを排除します」（七月一〇日）

「〔北カフカース軍管区司令部が反革命勢力と戦えないことや、〕食糧問題は南部（私の領域）では軍の問題に突き当たっていることから、私は軍本部の仕事に介入せざるをえなくなっています。北カフカース軍管区司令部が補給の問題にあからさまに不注意な態度をとっていることから、前線や代表団や本部の地区全権が私に介入するよう求めていることは、もう言いません」（トロツキーとレーニン宛て。七月一一日）

以上からうかがわれるように、このときのスターリンの報告はかなり明瞭に彼の特徴を表していた。それは当面の課題への集中力、強い意志、実務的な判断力などからなるもので、彼がほぼ生涯にわたって保持し続けたものであった。彼の集中力は目的への確信から生じていた。明らかにこのときスターリンは、自分に課せられた任務に政権の命運がかかっていることを確信していた。だからこそ、短期間で大量の穀物を首都に送ることができると、何度も請け合ったのである。しかし、彼を迎える農民たちが穀物を喜んで供出したはずはなかった。このとき彼がとった行動は、穀物調達に軍人の助けが不可欠だとする短い言葉によって示唆されている。にもかかわらず、報告には「農民」という単語がまったく表れていなかった。彼は、穀物問題での障害が反革命勢力の妨害によるものか、あるいは農民の抵抗によるものか、これらの電報で一切論じなかったのである。

モスクワにいたレーニンは、スターリンの報告のきわめて実務的な調子に大いに力づけられたであろう。農民を敵にしているかもしれないという嫌な話への言及もなかった。間違いなくスターリンは、これらの電報でレーニンに自分がどれほど頼りがいのある部下であるかをアピールしたのである。

トロツキーとの対立

しかし、スターリンの断固たる行動が師にどれほど好印象を与えたとしても、ここで彼が軍事的全権まで要求したことは大きな問題を提起することになった。というのも、この時期に軍の立て直しのために奮闘していたのはトロツキーであり、軍の再建も食糧調達と同じほどに政権にとって緊急の課題であったからである。

実際、トロツキーは三月に軍事人民委員に任命されて以来、解体状態にあった軍の問題に取り組んでいた。内外の敵と戦い、最低限の社会秩序を取り戻すためには、軍の再生が不可欠であった。この状況でトロツキーがとった対応は当時としては斬新《ざんしん》だった。彼は、軍の専門家、つまり帝政期の軍指揮官や司令官を積極的に利用することを考えたのである。この主張は、軍内の階層的関係を否定し、指揮官までも兵士たちが選挙で選出すべきだと主張してきた兵士委員会の意向に真っ向から対立するものだった。トロツキーは、批判者は革命政権の現状を理解していないとして相手にしなかった。だが、共産党内では彼の政策に対する批判が消えなかった。

スターリンが食糧調達という課題のために南部の軍事的全権を求めたのは、トロツキーのこうした行動が党内で物議を醸しているときであった。二人の対立は、九月に政権が南部戦線を創設し、その首席軍事コミッサールとしてスターリンを任命したことからいっそう抜き差しならないものになった。一〇月三日にスターリンがレーニンに送ったトロツキー批判の文書を読むと、二人の対立がすでに人格的レベルにまで達していたことがわかる。そこで彼は、共和国革命軍事会議議長のトロツキーが南部戦線で多くの軋轢を引き起こしたばかりか、政権に損害を与えていると非難し、次のように続けた。

「私はもう、昨日党に入ったばかりのトロツキーが、党の規律について私に教えを垂れようとしていることについては書きません。明らかに彼は、党の規律は形式的な命令にではなく、何よりもプロレタリアートの階級的利益にあることを忘れているのです。私は騒ぎやスキャンダルを好む者ではありません。しかし、もし今の時点でトロツキーの活動を拘束しなければ、彼は『左』や『赤い』規律のために全軍を堕落させ、そのことによって、最も規律を守る同志が苦しむことになるでしょう。だから、今、手遅れにならないうちに、トロツキーに秩序を守るように言い、彼を抑制しなければなりません」

この文章から浮かび上がるスターリン像はあまりよいものではない。彼は古参党員の立場を強調して、新入りながら、革命軍事会議の議長となっているトロツキーが南部戦線の指導者たちに出した命令を形式的なものだと一蹴《いっしゅう》したのである。これは「騒ぎやスキャンダル」を引き起こす行為以外の何ものでもなかった。そこに妬みがなかったとは言えないだろう。結局レーニンはこのようなスターリンの申し立てに慎重に対処しつつも、トロツキーを擁護した。配置換えになったのはスターリンの方だった。

それでも、同年末に東部戦線のペルミが旧軍提督コルチャーク（一八七三〜一九二〇）の率いる反革命軍によって占領されると、トロツキーに対する批判が再び党内に湧き起こった。こうして、翌一九一九年三月に開かれた第八回共産党大会では、基本的にトロツキーの指揮下にあった軍司令部は、今後は旧軍専門家を過度に信頼したり、共産党に近い軍事コミッサールを軽んじたりすることはないと約束した。またこの大会では、これまでの食糧調達政策の欠陥を認識し、農村では貧農ばかりか「中農」を味方にする路線を採用した。クラークと「中農」の区別は非常に曖昧であったが、共産党政権が「貧農」ばかりを重視する政策を改め始めたことは確かであった。スターリンはペルミ陥落の原因について調査した一月三一日付の報告書の中で、コルチャーク軍と戦うには「中農」に配慮した措置が必要だと指摘していたので、この政策の変化は彼の目指したものでもあった。

以上のような経緯は、党内におけるスターリンの地位を着実に高めた。もちろん、短期間で軍を立て直したトロツキーの名声に比べれば、スターリンのそれはまだまだ限られたものだった。それでも、スターリンはもはや一九一七年当時の地味な党幹部ではなかった。さらに一九一九年五月に、帝政派のユデーニッチ（一八六二〜一九三三）の軍がペトログラードを危機に陥れた際に、急遽《きゅうきょ》派遣されたスターリンが事態を立て直すと、彼の知名度はさらに高まった。一〇月になって、再度ユデーニッチ軍がペトログラードに迫ると、今度はトロツキーの率いる軍が鮮やかに敵軍を撃退した。すると翌月に、スターリンとトロツキーの二人は一緒に全露ソヴィエト中央執行委員会幹部会から赤旗勲章を授与された。この決定は、明らかに両者の関係を意識したレーニンの配慮の結果だった。

レーニンに学ぶ

ちなみに、レーニンが次のような恐ろしい提案をトロツキーに送ったのは、一九一九年一〇月二二日のことである。以下の引用部分のうち、「さらに」から「銃殺して」までの文章も長く隠匿され、ソ連崩壊後に初めて明らかになった。

「我々はペトログラードの労働者をもう二万人ほど動員し、さらにこれに一万人くらいのブルジョアジー分子を加えて、彼らの背後に機関銃を据え、二、三〇〇人を銃殺して、ユデーニッチに大規模な攻撃を加えるべきではないだろうか」

当時、民衆は帝政復活を目指す勢力ばかりか、レーニン政権にも疑問を抱き、動員されて加わった軍隊から逃亡する者が跡を絶たなかった。おそらくこうした事情を食い止めるために、レーニンは階級的な敵である「ブルジョアジー分子」をも動員して、その背後に機関銃を据え、退路を断ってユデーニッチ軍と戦わせることを考えたのであろう。やがて第二次大戦のときに、スターリンはこのレーニンのアイディアを採用するのであるが、その点については後に述べることにしよう。

ともかくこの時点で押さえておくべきことは、スターリンはこのような殺伐とした状況の中で頭角を現したという事実である。前章までに述べてきたように、地下活動を通じて、政治活動が敵味方の関係の中で行われるものであることを学んでいたスターリンにとって、内戦はそうした学習の成果を示す絶好の場になったのである。またこの時期に、彼はレーニンを通して政治指導者に求められる資質も具体的に学んでいた。危機的な状況での民衆に対する果断な対応も、そうした政治的資質の一つであった。

民族自決権

さらに、この時期のスターリンの活躍は以上だけではなかった。彼は内戦期に「民族」に関連するあらゆる局面で、高い実務能力を示したのである。これも先の章で述べたように、党内には民族問題に関心を寄せてきた者が少なかったので、彼の出番は必然的に多くなった。「民族」に関連する問題はあまりに多様なので、ここでは重要な問題に限って取り上げる以外にない。それは第一に民族自決権の問題であり、第二に「民族」と呼ばれる集団の取り扱いの問題であり、第三に連邦制の問題である。

まず民族自決の問題は、比較的簡単である。これはレーニンとスターリンが一九一二年以来唱えてきた少数民族の権利を、権力掌握後にどのように扱ったかという問題である。というのも、ブレスト・リトフスク講和交渉の過程でウクライナが独立を宣言し、新国家としてドイツと友好関係に入ったからである。つまり一九一八年三月の時点で見れば、レーニンとスターリンが唱えてきた主張は、ドイツによるウクライナの占領と事実上の植民地化を容易にしたのである。レーニン政権としては、この調子で旧ロシア帝国の少数民族地域が次々に敵国勢力の支配下に入る事態はどうしても阻止したかった。

民族人民委員として事態に対処するよう求められたスターリンは、一九一七年一二月半ばに、自分たちは反革命勢力の自決権を許さないと主張し、さらに翌年三月のブレスト・リトフスク講和条約締結後には、「自決の原則はその民族のブルジョアジーの自決権としてではなく、その勤労大衆の自決権として解釈されねばならない」と整理し直した。

つまり、彼は新しい状況に対応して、少数民族の自決権は階級的なものだと言い出したのである。この定式はまったく政治的かつ便宜的なものだったが、それでも他に現実的な方策は見当たらなかった。一九一九年の第八回共産党大会の場で、レーニンもスターリンが作成したこの定式を受け入れる姿勢を明らかにした。だが言うまでもなく、この定式は、少数民族の勤労大衆であれば、「帝国主義国」の支配者とではなく、ソヴィエト・ロシアの労働者と連帯を組むはずである、さらには、そうした連帯を組もうとする者こそが本当の勤労大衆だという手前勝手な意味転換を引き起こす恐れを秘めていた。

「民族」をどう取り扱うか

第二の「民族」の取り扱いの問題はより複雑である。ソヴィエト権力が新しい体制の中に多数の少数民族を組み入れるためには、民族と民族でない集団を区別するばかりか、少数民族でも、その政治的実力や政治的傾向次第で個別に対応する必要があった。

内戦初期の段階で、この問題をいち早く提起したのが、帝国中央のオレンブルグ付近に居住していたバシキール人であった。彼らはチュルク語系の言語を持ち、イスラム教徒である点で西隣に住むタタール人と類似していた。しかしタタール人は帝政時代からかなりの社会的進出を果たしていたので、ロシア社会においてロシア人以外では地位が高く、バシキール人を弟分のようにみなす傾向を示していた。こうした事情を背景にして、一九一七年の革命の過程で、タタール人はバシキール人を含む反レーニン的傾向の政治的集団を生み出そうとした。当然ながら、レーニン政権としては、重要なタタール人勢力を一部なりと味方にしたいと考えた。こうして、一九一八年三月に「タタール＝バシキール・ソヴィエト共和国」が創出された。タタール人に譲歩したのである。

五月に開かれた同共和国の憲法制定大会では、スターリンが開会の辞を述べた。その演説によれば、ソヴィエト権力が擁護するのは、地域に住む人々の「階級的指標」に基づく自治制で、その点さえ認めるのであれば、大会に集った人々は自由に「自治問題の解決、自治の権限の規定、および州の境界の最後的設定」を決めることができた。つまり、レーニンとスターリンは、この時点ではタタール人がバシキール人を含み入れた自治的共和国を創設する政策を支持したのである。

しかし、その後、状況は大きく変化した。まずバシキール人の中に、タタール人と離れ、彼らだけの自治国家の建設を目指す動きが表面化した。そして一九一八年秋には、バシキール自治勢力は、コルチャーク軍と戦うためにレーニン政権との協力を模索し始めた。この状況はレーニンとスターリンに大きな影響を与えた。彼らも同じコルチャーク軍の増大に危機感を抱いていたからである。結局レーニンたちは、これまでの「タタール＝バシキール・ソヴィエト共和国」への支持を取り消し、バシキール人を自前の自治国家を創設する力量を持つ「民族」と認定した。こうして、一九一九年三月にバシキール人とソヴィエトの代表によって、ロシア社会主義共和国ソヴィエト連邦（ＲＳＦＳＲ）の連邦構成単位としての「自治バシキール・ソヴィエト共和国」を創設する協定が締結された（もちろんタタール人にも、彼らの自治共和国を創設することが認められた。またソ連という国家は一九二二年末に初めて成立したので、それ以前はロシア社会主義共和国ソヴィエト連邦、もしくはロシア・ソヴィエト連邦社会主義共和国という名称で呼ぶ以外にないのである）。

この協定が功を奏し、夏までにソヴィエト政権はコルチャーク軍を撃退することに成功した。ところが、その間にも中央から派遣されたソヴィエト軍や共産党員とバシキール人の間で紛争事件が頻発するようになった。このために、翌一九二〇年五月に、スターリンを長とする特別委員会が現地に派遣され、そこで、前年三月の協定で認めた「自治」の内容を大幅に縮小した政府布告を作成した。事態がここまで進むと、バシキール自治運動の主だった活動家はバシキール共和国を離脱して、共産党政権に対抗するパルチザン活動を始めるか、あるいは国外に亡命した（その後、共産党支持派のバシキール人が、同共和国で形ばかりの指導者になった）。

以上の経緯は、表面的に見ると、スターリンとレーニンが巧みにバシキール人の自治国家樹立の願いにつけ入り、反コルチャーク戦争に利用するだけ利用して、用済みになると、その指導者たちを追い出したような印象を受ける。しかし、この過程を別々に研究したロシア人とアメリカ人の歴史家は、このような理解はまったく事実に反すると説明している。彼らによれば、「自治バシキール共和国」とソヴィエト権力の協力を困難にした要因の最大のものは、現地に派遣されたソヴィエト軍兵士や共産党員の民族問題に対する無理解であった。たとえば、ロシア人の学者グループが共同で書いた著作は、このような主張を根拠づけるために、当時、地方に派遣されていた共産党の中堅の指導者がレーニンに送った次のような手紙を紹介している。

「貴下がよくご存じのように、わが党はこれまで民族自決権のような問題や、自治とか、民族問題全般とかについて検討することをまったくしてきていません。わが同志の多くは、深く確信を持って、厳密にプロレタリア独裁の道を進もうと考えています。多くの同志は、名前ばかり知られた『民族自決』とか『自治』とかというものは腐った卵ほどの価値もなく、労農政府が、たとえばバシキーリア（バシキール人の住む地域の意味―引用者）やキルギスタンなどに対して行っているように、場合によってまじめに扱わねばならない外交的ゲームのように考えています。（中略）我々の経験に基づくならば、我々は何よりも、バシキーリアに対して示したような、性急な行動や未熟な理論化や法令化を避けなければなりません」

要するにこの手紙の送り主は、ソヴィエト政権が唱えている「民族自決」とか「自治」とかというのは、お上品な外交官が公式の場において建前を唱える「外交的ゲーム」に過ぎないと、同志たちは考えているると伝えているのである。彼に言わせれば、バシキール人に示した「民族自決」や「自治」の理論こそ、性急で未熟なものでしかなかった。

このような見解が党員の中に広がる状況では、どれほどレーニンやスターリンが少数民族の権利擁護の必要を説いても、それを現場で貫徹することはできなかった。そこでスターリンは、一九二〇年一〇月に『プラウダ』紙において、改めて革命政権の民族政策を説明した。彼によれば、同志の中にはまだ「ソヴィエト自治制」を「あくまで一時的な悪」で、「やてはこの悪を排除するために、それと戦わねばならない」と考えている者がいるが、このような見解を表明する者は「根本的に誤っている」。「ソヴィエト自治制」、すなわち「辺境地域の地方的自治制」は、辺境地域の人々、すなわち多くは少数民族を味方にするために不可欠な措置だ、というのである。

スターリンがこの論文で示したのは、まずはこうした措置によって、ソヴィエト権力を現地の人々の「身近なものにすること」であり、さらには、「現地の人々の中から指導者のカードル（要員のこと－引用者）を創り出す」ことであった。後者は具体的には少数民族のインテリの中に共産党員を創り出すことを意味したはずだが、この論文ではそこまで書いていなかった。ともかく、このようにして「ソヴィエト・ロシアは、たくさんの民族や種族を、相互信頼と自由意思による同胞的協力一致の原則を基礎として、単一のプロレタリア国家の中で互いに協力させる」方向を目指していた。スターリンから見れば、これほど長期の展望を持って遂行されているソヴィエト政権の民族政策が、先に述べたような口先だけの「外交的ゲーム」と同じであるはずはなかった。

以上、バシキール人のケースで論じてきたことをまとめれば、次のようになろう。第一に、レーニンとスターリンは、少数民族の取り扱いでは、かなり機会主義的に対応した。彼らは、旧ロシア地域に住むすべての少数民族に無差別に自治的国家の形成を許したわけではなかったのである。しかし第二に、党員の中では、スターリンは間違いなくレーニンとともに少数民族の権利を尊重する側に位置していた。さらに言えば、彼は少数民族に心情的に味方したのではなく、政治的現実として少数民族を味方にすることの意味をよく理解していた。他に多民族の帝国を継承する方法はないと、彼は確信していたのである。

連邦制をめぐるレーニンとの関係

第三の連邦制の問題は、第一の民族自決の問題と第二の「民族」の取り扱いの問題の応用編的意味を持っていた。この問題は内戦が最終段階に入り、ソヴィエト権力が旧帝国の半分以上を支配するようになった一九二一年に表れ出た。伝統的にソ連史研究では、この時期の出来事としては、連邦の形成過程よりもレーニンのスターリン批判に注目してきた。一九二二年秋までにレーニンはスターリンに対して批判的姿勢をとるようになっていたので、もし彼がこのとき病気で倒れなかったならば、ソ連の人々はスターリン支配の過酷な経験をしなくて済んだかもしれないと考えたのである。

　このような問題意識は、ソ連では一時期を除いて表明できなかったので、主としてソ連以外で活動する歴史家の中で保持され、議論され続けていた。だがソ連体制が動揺し始めた一九八九年以降、ソ連国内でも取り上げられるようになり、当時ソ連共産党が刊行していた雑誌『ソ連共産党中央委員会通報』には、関連する重要文書が次々に公表された（この雑誌は、ソ連が崩壊するとともに廃刊となった）。以下、このときに明らかになった文書などを利用して、連邦制の問題をめぐるスターリンとレーニンの関係を見ておこう。

　まず、このとき公表された文書によれば、確かにレーニンは一九二二年半ばまでにスターリンに権力が集中する状況に危機感を覚えていた。彼が自分の弟子との対決を始めるきっかけになったのは、スターリンの古くからの友人であるオルジョニキッゼが起こした事件であった。これは、当時のグルジア共産党の幹部たちがスターリンの進める連邦条約に反対した際に、そのうちの一人がスターリンの意を汲《く》んで行動するオルジョニキッゼを「スターリンのロバ」と呼んだことから、後者が怒って殴打したと言われる事件である。レーニンは、ど

オルジョニキッゼ（1930年代）

うやらこのグルジア事件と連邦条約の締結問題を突破口に、スターリンに対する批判を全党的に展開することを決めた。しかし、そうした観点から改めてレーニンの批判を検討してみると、この対決で彼が勝利した可能性は意外なほど少なかった。

何よりも、レーニンの連邦条約修正案そのものに精彩がなかった。彼の修正案は、共産党が支配しているが建前上は独立国の様相をとっていたウクライナ、ベラルーシなどを、ロシア連邦と同等の連邦構成国家にするというものであった。彼は自分の案を、これらの国をすべて一律にロシア連邦内の自治共和国にするというスターリンの案（自治共和国化案）に対置したのである。レーニンによれば、自治共和国化案は「スターリンの性急さと行政的熱中」等々が生み出したものであった。しかし、そういう彼の修正案にもいくつもの問題点があった。

まず連邦条約案について言えば、レーニンの案は一見するとロシアとウクライナなどの小国を平等に扱うように見えるが、実際には、連邦を構成できる民族とできない民族の間に不平等を認めるよう提案するものであって、けっして旧ロシア帝国領に住む諸民族の平等を追求するものではなかった。レーニンの案でも、バシキール人やタタール人に認められるのは

「自治共和国」までで、ソ連邦を構成する「連邦共和国」の地位ではなかった。

さらに、革命後の国家は、一九二二年までに実質的に共産党が統一的に支配する体制を確立しつつあったので、この程度の変更によって連邦構成国間に平等が確保されるとは思えなかった。平等を確保するためには、各構成国の共産党相互の関係を平等にする必要があったが、レーニンはそのようなことを考えてはいなかったのである。

スターリンはレーニンの修正案を知ると、連邦条約については自分の自治共和国化案を取り下げ、レーニン案を受け入れた。しかし、彼は各共和国の主要な省庁（人民委員部）が独立して機能できるよう、連邦（ロシア語は「同盟」とも訳せるソユーズ）条約を改めるべきだとするレーニンの提案の基本部分は受け入れなかった。スターリンはレーニンが三度目の発作で倒れた後の一九二三年四月に開かれた第一二回党大会の場で、「各共和国にそれぞれの外務人民委員部（外務省）ができたら、我々はいかなる連邦（ソユーズ）も持たないだろう」と反論し、代議員たちにその中央集権的体制を堅持すべきだと訴えたのである。

またこのとき、彼はレーニンについて「彼は最近、多くのことを忘れる」と微妙な言葉を口にしている。議事録を読む限り、彼のこの発言には、衰えた（と彼がみなす）師に対する悲しみも込められているように見える。スターリンを批判的に見る歴史家の中には、彼はこの時期、表面的にレーニンに恭順の意を示し、自分に対する批判が広がるのを避けようとしたと説明する者がいる。しかしそれでは、肝心のこの場面でレーニンは老いていると口にする必要はなかった。いずれにせよ、スターリンはこの問題でレーニンと意見が対立していることを隠そうとしなかった。明らかに彼は、党の上層部も、病に倒れている指導者の中途半端な連邦条約修正案を受け入れないと確信していたのである（彼の党内の地位については、党内の権力闘争と絡めて次章で扱う）。

レーニン倒れる

次に、オルジョニキッゼの暴力事件について言えば、ここでもレーニンが持ち出した議論は政策としてきわめて粗雑なものであった。彼はここで、オルジョニキッゼやスターリンなどの非ロシア人で、その後に「ロシア人化したものこそ、真にロシア人的な気分の点で常に度を過ごすものだ」と主張した。つまり、スターリンたち非ロシア人の共産党員は、レーニンの言う「大ロシア人の排外主義」に染まりやすいというのである。レーニンからすると、彼らのそうした言動こそ、ロシア革命の成果を台無しにする諸悪の根源であった。

この立場は、一見すると、ロシア帝国に巣食う大ロシア主義を正面から批判したものとして、説得力がある。しかし、この時点で、「ロシア化した」非ロシア人党員について、このような一方的な断定を下すことは、明らかに逆の危険性をはらんでいた。各地の少数民族の民族主義的動きも、共産党政権にとって無視できない状態にあったからである。内戦からようやく抜け出そうとしていたこの国で、少数民族のナショナリズムを無視し、「大ロシア人の排外主義」だけを問題にする政策を打ち出すことは現実には不可能だった。先のバシキール人の例で見たように、当時党内には、レーニンやスターリンが説く少数民族の権利擁護を、小理屈に過ぎないとみなす者が少なからずいたのである。

この件に関するレーニンの一連の行動は、つまるところスターリンを叩《たた》くために、彼の個人的信念である「大ロシア人の排外主義」批判を持ち出した印象を党指導層に与えたものと思われる。しかも彼らから見れば、グルジア共産党員が直接レーニンに手紙を送り、地方レベル、そして中央レベルの共産党で決めた連邦条約案に不満を表明したのは、党内手続きの上で問題であった。おそらくはこうした理由から党指導層は、トロツキーも含めて、誰もレーニンの批判に積極的に反応しようとしなかった。

結論的に言えば、彼らは連邦条約問題などに関連してレーニンが繰り広げた議論の中身のなさを見抜いたか、少なくとも、この程度の批判でスターリンを降格し、党内に分裂を生み出すべきではないと考えたのである。こうして、彼らが躊躇している間に、レーニンは最後の発作に襲われた。以後、この稀代《きたい》の革命家はまったく政治的活動ができなくなり、一九二四年一月に亡くなった。

スターリン（左）とレーニン（1919年）

スターリンの「粗暴」さをめぐって

最後に民族問題に関わるものではないが、関連して出てきたレーニンのスターリン批判についても触れておこう。一九二二年末から翌年にかけて、レーニンは後継者と目される一群の人々について、自分の評価を遺しておこうと考えた。そこで出てきたのが「同志スターリンは、書記長となって、その手中に無限の権力を集中した。私は、彼が常に十分慎重にこの権力を行使しうるかどうか確信が持てない」、「スターリンはあまりに粗暴である。そしてこの欠点は、我々共産主義者の間やその付き合いにおいては十分許容できるものであるが、書記長の職務にあっては許容できないものになる」という言葉である。この言葉は、後のスターリン統治下で起こった諸事件を予知するものとして、スターリン没後に多くの歴史家や反スターリン的な政治活動家によって引用されてきた。

しかし、この点で何よりも注意すべきは、ここでレーニンが使った「粗暴」という言葉は、一九二〇年代末からスターリンがとった残酷で無慈悲な政策に釣り合うものではないという事実である。歴史上の大量殺害は、多くは政治指導者の「粗暴」さよりも、自分の主張への過度の確信と結びついている。言い換えれば、先に紹介したレーニンの「赤色テロル」の方が、権力者による「大量殺害」と共通点を有しているのである。先に見たように、長い間、レーニンのこの面での言動を隠蔽しておいて、スターリンの性格の粗暴さと一九二〇年代末からの悲劇的事件を直接に結びつけるよう誘う手法は、関連する史料が明らかになるにつれて説得力を失いつつあると言えよう。

要するに、ここでレーニンが指摘したスターリンの粗暴さとは、異常なレベルの非人間性を指すとは考えられない。むしろ、スターリンが時に党員や一般民衆にとった乱暴な振る舞い、あるいは何事も権力を利用して問題を処理する傾向といったものを意味していると考えるべきであろう。これらは、確かに後の人命軽視の政策と無関係とは言えないが、けっしてその根本的原因ではなかったと考えられる。

ともあれ、以上のようなレーニンとスターリンの民族問題への対処が功を奏して、旧ロシア帝国はフィンランドやバルトなどの地域を失っただけで、一九二二年一二月にソ連という国家に転換することに成功した（一九一八年のブレスト・リトフスク講和条約で失ったウクライナはドイツの敗北後に取り戻していた）。第一次大戦で被った敗北の大きさを考えれば、新政権は最小限の損失で事態を収束させたと評価することもあながち強弁とは言えなかった。この事実は、やがて第二次大戦期に、政策的にナショナリズム（国家主義）とマルクス主義を核としたソ連イデオロギーを生み出す上で大きな意味を持った。

第5章　権力闘争の勝者

二度目の結婚と家族

一九二〇年代、より正確には、内戦の終わりが見えた一九二一年から政策が大転換する一九二八年まではソ連史においては複雑な時期である。狭い政治史では、この時代は一般にレーニン後の権力闘争の時期として位置付けられている。前章で述べた通り、レーニンは一九二三年に政治的活動ができなくなり、翌年一月に死去した。この時から始まった後継者の地位をめぐる争いでスターリンが勝者となったのである。しかし、広い文脈で捉えようとすると、この時期は何よりも第一次大戦後に訪れた「遅い戦後」という意味を持っていた。古い体制の瓦礫《がれき》の中から、新しい体制が予期せぬ形で出現してきたのである。スターリンが勝利した理由も、この時代背景と深く結びついていた。見てきたように、彼は賢く、抜け目のない党幹部であったが、それだけで権力闘争に勝てるほど彼の政敵は甘くなかった。むしろ、いずれも彼に優るとも劣らない知的能力と野望の持ち主だった。明らかにこの時期の権力闘争では、スターリンは彼を取り巻く状況の転変によって助けられたのである。

この点に立ち入る前に、スターリンの身辺に起こった変化を見てみよう。まず最も注目されるのは、彼が二度目の結婚をし、一九二一年に息子のワシーリー（～一九六二）を、そして一九二六年に娘のスヴェトラーナ（～二〇一一）を授かったことである。相手はスターリンの古くからの知人で、主としてカフカースで活躍した革命家セルゲイ・アリルーエフの娘であった。

一九一九年に正式に彼の妻となったナデージュダは、バクーで一九〇一年に生まれているので、スターリンとは歳が二〇以上も離れていた。彼女は最初の妻と異なり、革命運動に憧れを持つ活発な女性であった。スターリンは一九一七年春にシベリアから帰還したとき、最初にアリルーエフの家を訪ねた。その後も頻繁に一家を訪れるうちに、彼は娘のような年齢の彼女と付き合うようになったのである。この点からすれば、この時期は、スターリンが地下活動の中で失った青春を取り戻した時代と見ることも可能であった。

一九三二年にナデェージュダが自殺したことから、二人の関係は早くから冷え切っていたとする解釈もあるが、それは事実ではなかった。先に言及したスターリン一家の書簡集を見ると、二人は一九二九年から三一年にかけて頻繁に手紙を交わしていた。この頃、スターリンは八月の終わりから一〇月初めまでソチで休暇をとることを習慣としていたので、この期間の手紙が多数残されているのである。ここに収録されたものを数えると、この三年間の夏から秋にかけての期間に交わされた手紙は三〇通ほどもあり、そのうちのほぼ半数はスターリンから出されたものであった。

ナデェージュダと娘のスヴェトラーナ

夫婦の間の手紙なので、その内容は取り留めもないが、ナデェージュダはいつもスターリンの健康を気にかけており、スターリンもまた彼女が時おり記す市民生活についての観察や、遠慮がちに述べる意見に注意深く応対していた。文面による限り、二人はスターリンの先妻との息子ヤコフの行動を気に留めていた。また一度だけ、一九三〇年一〇月の手紙で、ナデェージュダは夫の浮気をあてこするような文章を書いていた。これにスターリンは、自分は何も不貞な行動はしてないと反論している。要するに、残された手紙には一九三二年の不幸な事件を予知するものは何もなく、浮かび上がってくる印象からすれば、夫が極度に仕事に集中していることを除けば、二人はともかくも普通の家庭を築いていたのである。

党書記長に就任

一九二〇年代のスターリンは、以上のように家庭環境に恵まれたばかりか、仕事でも充実した日々を送っていた。彼は一九二二年四月に、レーニンの同意の下に共産党中央委員会書記長に就任した。一九一九年に設置された書記長というポストは、当初は純粋に技術的性格を持つものであった。実際、その三年後にスターリンが書記長になったときも、党上層部の誰もそれが大きな政治的意味を持つとは考えなかった。しかし、地下活動時代から党組織の重要性を意識していたスターリンにとっては、おそらく事情は異なっていた。彼はこのポストに就くことで、これまで蓄積してきたものを十二分に発揮する機会を得たと受けとめたはずである。こうした彼の状況をよく示しているのは、この時期からスターリンの片腕となったカガノヴィッチ（一八九三〜一九九一）の証言である。それによれば、この時期のスターリンたちは次のような状態にあった。

「彼は鉄のようで、不屈で、落ち着いていて、私に言わせれば、冷静沈着で、いつも何かに集中している人物であった。彼はあらかじめ考えることなく、言葉を口にすることはけっしてなかった。それが私にとってのスターリンである。（中略）たとえば私にとって、（スターリンとの―引用者）関係で最も楽しく、それゆえ最も興味深い時期は、一九二二年から一九二五年までの活動の時期だった。この頃、私は彼（スターリンのこと―同）のところにしばしば入り浸っていた。彼は非常に熱心に組織活動に従事していた。私は、言ってみれば、彼の片腕であった。このことは私の回想に非常に詳細に書いてある。（中略）ワハハーと笑いあって、彼が何か語り、我々が語る、お互いに冗談を言い合う、賑《にぎ》やかな集団だった。周りで見ていた者は『なんだ、こいつたちは』と思っただろう。護衛はほとんどいなかった。本当に僅かだった。いても、一人か二人だろう。護衛が少なかったのだ。スターリンも非常に機嫌がよかった。我々は時に宴席に居座ることもあった」

ここから明らかなように、この時期、スターリンは周囲に彼より数歳若い党員を集め、意欲的に党活動に取り組んでいた。その仕事の大半は、革命を為すために作られた党を、権力を担う組織へと切り替えるためのものであった。こうした活動をすることによって、彼は党内で急速に存在感を増していった。前章で述べたように、晩年のレーニンはスターリンが書記長に就任してから一年も経たないうちに、この人事を後悔するようになったが、それだけスターリンの影響力の増大は目覚ましいものだったのである。

共産党の階層化

だがそれにしても、スターリンはどのようにして短期間でその影響力を増大できたのであろうか。先に述べたごとく、ここでは環境の劇的変化が大きな意味を持っていた。

第一の予期せぬ出来事は、共産党組織の拡大に伴って組織が階層化したことである。共産党（ボリシェヴィキ党）は一九一七年三月の革命の時点では、党員数が四万五〇〇〇人以下の小さな組織であった。しかし、権力掌握後は急激に増大し、党員数は一九一九年三月に三一万三七六六人に、そして一九二一年三月に七三万二五二一人まで膨張した。

このように党員数が増えれば、当然ながら組織の運営のために、党組織間の関係を明確にし、管理のための仕組みを整備しなければならなかった。こうして一九一九年に、政策を審議・決定するための政治局と、組織管理のための組織局、そしてこの二つの最高機関の活動を支える書記局が設置された。スターリンが書記長に任命された一九二二年四月の時点で言えば、スターリンはすでに政治局員であって同時に組織局員であったので、これで党組織の頂点にある機関のすべてに席を占めるようになった（ちなみにこのときトロツキーは政治局員であったが、組織局員ではなかった。カーメネフもジノヴィエフも同様である。政治局員は、彼らの他にレーニンを含め三人いた）。

ジノヴィエフたちもこうした事態を放置できないと理解し、一九二三年初めにはスターリンの影響力を弱める方法を模索し始めた。しかし、ここからは組織局にジノヴィエフとトロツキーとブハーリンを加えて拡充を図り、対抗させるという程度の対応策しか出てこなかった。またトロツキーも一〇月に中央委員会に手紙を書いて、スターリンの行動が行き過ぎていると訴えた。だが彼の手紙も、何も抜本的措置を生み出さなかった。トロツキー自身、まだ党組織の問題をさして深く考えていなかったのである。

共産党の階層化は、一九二二年五月にレーニンが最初の発作で倒れたことによっても促進された。状況に対応するため、非公式ながら、ジノヴィエフ、カーメネフとスターリンの三人組が当面の問題を処理するようになった。トロツキーは三人組の協議の後に開かれる政治局会議において、彼らが出した結論について意見を求められるようになった。このような仕組みができたのは、ジノヴィエフの差し金だったと言われる。明らかに、四人の中でとりわけ自己主張が強く、才気に富むトロツキーが、他の古参の三人によって警戒され、仲間外れの状態に追い込まれたのである。

ここに生じたレーニンの支配力の低下と党指導部の明白な分裂は、これまでともかくも共産党内に存在した討議の慣行を弱める方向で作用した。レーニンが指導者として活躍をしていた時代にも、共産党は革命と内戦の中で統制の利いた集団になりつつあったが、それでも、党員たちはさまざまな問題を自由に討議する特権をかなりな程度享受していた。しかし、最後のまとめ役であるレーニンの後退とともに、その状況を支えていた基本的条件は失われ、党員の中に、政策決定に関与できる者とほとんどそれに関与できない者が出てきた。つまり、共産党の階層化が進んだのである。

共産党の一党支配へ

以上の変化は、それだけでもスターリンに有利であったが、その効果を増幅する第二の変化が国家機関にも起こった。第二の変化とは、他でもなく国家機関が変質して、共産党組織に依存する形で再編されたことである。この時期にソヴィエト・ロシアの国民が政治権力としてイメージしていたのは、革命の過程で市や村に成立した労働者・農民代表ソヴィエト（評議会）であり、その頂点に立つ全国代表ソヴィエト（最高ソヴィエト）であった。こうしたソヴィエトは、地域レベルでも全国レベルでも、立法権力と行政権力を併せ持つものとしてイメージされていた（ソヴィエト大会が開催されていないときは、大会で選出される中央執行委員会が権限を代行することになっており、一九一七年一一月からは、さらに人民委員会議が設置され、全国代表ソヴィエトの行政権を行使し、後で開かれるソヴィエト大会でそれまでの期間の活動の監査と承認を受けることになっていた）。

なお紛らわしいので、ここで一言、説明を加えておけば、共産党の指導的機関は「中央委員会」で、国家機関である最高ソヴィエトで選出される機関は「中央執行委員会」である。両者は名前が似ているが、まったく別の機関である。さらに言えば、共産党の最高機関は中央委員会の上部に位置する政治局であり、国家の事実上の最高機関が人民委員会議である。スターリンはこの時期、共産党内では政治局員兼書記長であり、国家機関の中では一九二三年七月まで民族人民委員として人民委員会議の一員であった。彼はその後もいくつかの国家の要職に就いたが、第二次大戦前までは書記長としての活動が中心であった。

革命後しばらくは、市や県、さらに全国レベルのソヴィエト（評議会）は権力機関として機能しており、ここで共産党は彼らに対抗する勢力（メンシェヴィキ党、エスエル党、アナーキスト諸党など）と政治的論争を繰り広げていた。しかし、内戦という状況が続く中で、次第にこれらの反対勢力は選挙を通じてソヴィエトに代表を送れなくなった。明らかに、彼らの政治活動を危険なものと認識する共産党が、有形無形の圧力をかけたことから、これらの政党は活動が不自由になったのである。この結果、ソヴィエトは、県レベルから全国レベルへと上層に行けば行くほど、共産党一党に支配されるようになり、自立した国家機関としての意味を失っていった。

もちろん、共産党の中にもこの状態は不健全だと考え、ソヴィエトの活性化の必要を説く者がいた。しかし、それは掛け声だけに終わり、抜本的な改善策はとられなかった。また、この点は、この時期に成立してくる司法機関の自立性のなさとも結びついていた。

「スターリン詣で」

さらに国家機関の自立性を奪ったのは、共産党による人事権の掌握である。その過程はすでに一九二二年八月にはかなり目につくものだった。そのことを示す証拠としてしばしば引用されるのが、事情通の党員がオルジョニキッゼ宛てに送った手紙である。これもソ連崩壊後に明らかになったものであるが、そこには以下のようにあった。

「今や、中央委〔員会〕の活動はかなり様相が変わった。以前、ここで我々が出会ったものは、書き表し難いほどひどいものだった。（中略）今や、中央委の活動は根本的に変わった。このことは秋に来れば、〔君にも〕わかるだろう。しかしそれでも、私はもう『スターリン詣《もう》で』にウンザリし始めている。これは、最近のモスクワの流行語である。中央委による配員を待っていて、まだ任命されず、いわば宙ぶらりん状態にある者に関わることで、彼らは『スターリン詣で』をしていると言われている」

ここにある「配員」という用語は共産党内の特殊な表現で、空いた職務に人員を配置することを意味する。たとえば共産党内で人事を扱う部局は、当時、登録配員部（やがて組織配員部）と呼ばれた。したがって、この手紙は、就職先を探す中堅以下の党員が、中央委員会において人事問題を担当するスターリンを訪れ、よい仕事口を斡旋《あっせん》してくれるよう陳情する姿を伝えているのである。

それでは、どのような職務がスターリンのレベルで決定されていたのだろうか。この点の詳細はまだ定かではないが、回想録から見て、スターリンは一九二二年半ばには、たとえば党員のノルウェー駐在全権代表（大使のこと）への任命で決定的な役割を果たした。このレベルの職務は、おそらく彼の采配の下にあったのである。しかし、それ以上に影響力のある職務については、政治局と組織局が直接に人事を行った。こうした状況から、共産党内で生み出されたのが「ノーメンクラトゥーラ制」として知られる人事システムである。ノーメンクラトゥーラとは、政治局や組織局が直接に人事を行う職務をあらかじめリストアップしておき、必要時にそれに基づいて人事手続きをする一覧表を意味する。

現在ではいくつもの説があるが、この分野のロシアにおけるパイオニア的研究者であるギムペルソンによれば、「ノーメンクラトゥーラ」という用語が公的文書で最初に現れたのは一九二三年一一月一二日のことであった。このとき採択された共産党中央委員会組織局の決定は、二つのノーメンクラトゥーラ（つまり重要職務をリストアップした表）を付記していた。そのうちの「第一ノーメンクラトゥーラ」は、共産党中央委員会のみが任命する三五〇〇の職務を網羅していた。また「第二ノーメンクラトゥーラ」は、各省庁が、中央委員会の承認の下に、また登録配員部の合意を得て任命する一五〇〇の職務を網羅していた（ここで言う中央委員会とは実際には、政治局、組織局、書記局を意味した）。こうして、いったん制度が確立すると、「ノーメンクラトゥーラ」に記される職務は一部変更された。また、「第三ノーメンクラトゥーラ」の作成といった形でも拡充されていった。

このような制度を通じて、国家機関の主要職務は次第に党指導者たちに忠誠心を示す者によって占められるようになった。党組織は全面的に国家機関を支配するために、このノーメンクラトゥーラの中に、本来であれば選挙で選ばれるはずのソ連邦最高ソヴィエトの議員の職務も含めていた。つまりソヴィエト・ロシアでは、非常に早い時期から共産党が国家機関を支配する仕組みを内部に創り出したのである。事態がこうした方向に進んでいるときに、スターリンはその共産党組織の要《かなめ》の位置にいたのである。

スターリンの蔵書

それでもまだこの時点では、国家の重要職務の人事権をスターリンが牛耳るという状況ではなかった。明らかに彼はまだ党内の第一人者ではなかった。当時、その地位に最も近かったのは最古参のジノヴィエフであった。また、政治局の会議はカーメネフが議長を務めており、軍部を握るトロツキーも民衆の中で高い人気を博していた。

スターリンもこのことをよく理解していた。彼がさらに影響力を高めるためには、民族問題と党組織という「専門」を超えた能力を示す必要があった。このような状況と、彼がこの時期に自分用の書庫を整備したこととは、おそらく無関係ではなかった。先に述べたように、彼は少年時から読書を好んだ。しかし、一九二〇年頃から、彼は個人の書庫を整備し始めたのである。『スターリン全集』第一七巻に付された注釈（研究書の引用）と文書がその意味を明らかにしているので、それをそのまま訳出してみよう。まず注釈である。

「最初の居住地の書庫に関わるすべてのことは、およそ一九二〇年頃に始まった。その主人（スターリン－引用者）は、明らかに珍書や稀覯本《きこうぼん》にまったく関心がなかった。（中略）書庫は彼にとって仕事のため、現在の活動のため、参照や情報のため、また休暇のために必要だったのである。それは社会や政治、歴史に関わる本や雑誌が大部分であった。軍事を含む歴史に、スターリンは若い時分から強く惹かれていた。彼はトロツキーをはじめとする政治的敵対者の著作も保管した。もちろん、レーニンのものは全部、繰り返し読んでいた」

次に、この注釈が付された一九二五年一月付のスターリンの文書を挙げてみよう。これは以下のごとく、彼が自分用の図書の整理について秘書に指示したメモである。

「私の助言（とお願い）一、著者別ではなく、問題別に分類すること。a.哲学、b.心理学、

c.社会学、d.経済学、e.金融、f.工業、g.農業、h.協同組合、i.ロシア史、j.外国史、k.外交、l.商業・貿易、m.軍事、n.民族問題、o.（おそらく党―引用者）大会・協議会（および、決議）（中略）。二、以下の本はこの分類から除く（別に配置する）。a.レーニン、b.マルクス、c.エンゲルス、d.カウツキー、e.プレハーノフ、f.トロツキー（以下略）」

この指示は、スターリンの蔵書がきわめて実務的性格を持っていたことを示している。また同時に、彼の関心が非常に広かったことを示している。明らかに彼は、国家統治に関わるあらゆる分野に通じたいと考えていた。さらに言えば、高等教育を受けていなかった彼は、まさに独学で、役立つと思われる知識を貪欲《どんよく》に吸収していたのである。現在では、数万冊を数えたと言われる彼の蔵書のうち、明白な読書の跡をとどめている四〇〇点弱の本が歴史研究者の利用のために歴史史料館に別置されている。これらの本を手にとってみると、所々に下線が引かれ、栞《しおり》が挟まれ、さらに余白に短い書き込みがなされており、スターリンの努力の跡を確認することができる。

以上のような蔵書の存在が明らかになると、長い間、スターリンに与えられてきた、実務能力ばかりで、知的には凡庸で、そのことで劣等感を抱き続けた人物だったという評価がはたして正しいのか、という疑問が提起されるようになった。先に挙げたアメリカの研究者タッカーのスターリン伝は、このような蔵書の利用が許される前に書かれたものであるが、そこでは一九三〇年代初頭からスターリンは哲学、党史、その他の理論分野で自分の能力をひけらかすようになり、それが追従者を巻き込んで指導者崇拝という現象を生み出したと書かれている。

この主張は一面的である。スターリンはどう見ても権力者になる以前の時期から、人文・社会科学の広範な領域で当時の専門的知識を求めており、高度な書物を読むだけの知的能力を発揮していたからである。ただ彼の場合にはあくまで実践的姿勢が優勢で、抽象的な論理に終始する理論的著作を読む知的訓練（高等教育）を受けていなかったというのが実情に近かったと思われる。彼が原理的演繹《えんえき》的に考えることを得意としたトロツキーやブハーリンに知的劣等感を抱いていたとすれば、おそらくこの程度のことであった。

対外関係の難問

スターリンのこうした学習姿勢の根底にあったものは、最終的には知的好奇心というより権力への意思と呼ぶべきものであった。しかし、それを彼にのみ固有の権力欲に基づくものだとして理解するのは適切でなかった。当時、共産党政権は深く絡み合った三つの難問から構成される政策課題に直面しており、スターリンも含めてここで権力闘争に参加した人々は誰もが、自分こそがこの難題に答えることができると考えていたのである。この時代の共産党の指導層にあっては、権力欲は知的能力と深く結びついていた。

権力を目指す彼らが直面した三つの問題とは、対外関係、経済政策、そして農民政策である。第一の対外関係の難問は、ソヴィエト・ロシアが資本主義の打倒を目指す国家として成立したことから生じた。このためにモスクワの指導者たちは、常に資本主義国との戦争の可能性を考えざるをえなかった。言うまでもなく、彼らが一九一七年に期待したように、ヨーロッパで革命が起これば、そのような問題はありえなかった。しかしヨーロッパの革命は、一九二三年夏から秋にかけてドイツで生じた革命状況を最後に視野から消えてしまった。ヨーロッパ諸国は相対的安定期に入ったのである。

このような情勢になったとしても、前章で述べた、資本主義は最終局面に入っており、世界規模の社会主義革命の時代が近づいているという認識は揺るがなかった。それはもはや共産党員であることを示す信条の一つになっていた。こうして、指導者たちは、一方で社会主義革命がヨーロッパに起こることを待ちつつ、他方でヨーロッパ諸国と日本が対ソ干渉戦争を始めることを恐れていたのである。この状況では、ヨーロッパ、そしてアジアの革命を積極的に支援する対外政策もありえたし、逆に資本主義国との国家的関係を深め、外交関係を利用して、資本主義国の反ソ包囲網ができるのを阻止する対外政策もありえた。当然、そこに大きな政策的対立が生じた。

経済政策の難問

第二の難問は経済政策をめぐるものであった。社会主義社会の実現は成熟した資本主義の経済的技術的水準を前提としていたが、明らかにソヴィエト・ロシアはそうした水準に達していなかった。軍事力向上のためにも、工業力を早急に高めることが不可欠であった。しかし、そのための資本を確保する方法が不明だった。革命の過程で次々に企業を国有化した「労働者と農民の国」に、投資を考える外国人資本家は少なかった。彼らのリスクを考えれば、その招致のためにソ連側は相当譲歩した経済利権を提供しなければならなかった。しかも、双方にある相互不信はなかなか消えなかった。こうして工業の発展を外国資本に基づいて行う方法は、当分の間、諦《あきら》める以外にないと判断された（もちろん、利権供与による外資の導入は図られたが、それは中途半端で、結果として微々たるものであった）。

そこで考えられたのが、農民を犠牲にして工業部門に優先的に投資する方法である。これは原理的には、農民が提供する農産物の価格を低価格に抑え、逆に工業製品の価格を高価格に設定することで実現しようというものである。しかし、これとまったく逆の方法もありえた。すなわち、農業の復興を優先し、農民が生み出す農作物を輸出して、それによって得た外貨で、少しずつ工業のための施設や機械を輸入するという方法である。後者の農業の復興を優先する政策は社会の安定に寄与するが、工業力の向上を遠い将来に先延べするものであった。つまり、ここにも政策的対立の原因が生じた。

農民政策の難問

第三の難問は、国民の圧倒的多数を占める農民をめぐるものである。この問題は第二の問題の派生物という面もあったが、そればかりではなかった。内戦の終了時点で共産党政権と農民の関係がきわめて曖昧だったからである。そもそも内戦状態の終結自体が、政権側が農民の側に歩みよることによって生じたものであって、長くソ連国内で主張されてきたように、農民の側が新政権を受け入れたことによって生じたものではなかった。そのことは、一九一九年から一九二二年にかけてソヴィエト・ロシアで起こった農民蜂起についての最近の研究がかなり明瞭にしている。たとえば、先に利用したコンドラシンの内戦期のヴォルガ地域における農民運動を扱った研究は、結論で概略、次のように書いている。

レーニン政権は、内戦の中で軍の正規部隊を差し向けることによって、何とかこの地域の農民反乱を鎮圧した。政権が内戦での主要な敵であった反革命勢力（帝政復興派など）を一九二〇年に破り、次に全力で農民反乱の鎮圧に向かうと、農民蜂起者たちは、もはや正規部隊の圧力に対抗するのが難しくなった。それでも、農民蜂起の終結は、赤軍部隊による鎮圧の結果ではなく、政権が一九二一年に新しい経済政策（新経済政策は、短く、ネップと呼ばれた）を採用した結果として生じたものであった。このときレーニン政権が打ち出した新経済政策（ネップ）は、割り当て徴発制中止という農民の要求に応え、蜂起の原因となっていたこの制度を取り止めた点で農民に評価されたのだ。

ここにある「割り当て徴発制」とは、共産党政権が食糧不足に対処するために一九一九年に導入した政策で、決められた価格で農作物をすべて供出することを農民に義務付けるものであった。政権は一九二一年になってこれを取り止め、その代わりに農民は、現物税として一定の農産物を供出しさえすれば、残りを自由に処分できるようになったのである。

コンドラシンは、一九一九年から一九二一年にかけてウクライナで生じた農民反乱（マフノー運動）を論じた別の論文でも、同様に以下のように書いている。

農民は、ウクライナでもタンボフ県でもシベリアでも、その蜂起を通じて「自分の土地で自由な主人となる」ために戦った。彼らの反乱は最終的にレーニン政権によって撃破されたのであるが、それでも政権の政策を変更させ、農民に「自由な経営権を与えさせた」。

要するに、一九二一年にレーニン政権が導入した新経済政策（ネップ）とは、農民から見れば、彼らの長年の願い（自由な経営権）を認めたものであった。農民たちは、共産党政権がこの状態に満足せず、七、八年後に国家管理を強めた経済体制（農業集団化）を強権的に押し付けてくるとまでは考えなかった。逆に政権側から見れば、ネップは、農民に私的経営を許す不本意なものであった。また、一九二〇年代に生まれた、工業部門では国営を基本とし、農業部門では私営を基本とする曖昧な混合経済体制も妥協の産物であった。

この状態で、政治指導者たちは、農民は労働者とともに社会主義建設に向かうようになるのか(つまり、私的経営を止めるようになるのか)、あるいは逆に、内外の敵対勢力と結んで資本主義の復活を目指す勢力になるのか、迷うことになった。そうでなくても、農民との提携政策を続けているうちに、ロシアは次第に「社会主義」という目標から離れていくことになるのではないかという不安が共産党指導層の中に広がっていた。こうして、農民政策もまた政権の行方を左右するほどの対立を内にはらむことになった。

一国社会主義論と世界革命論

以上のような状況で、スターリンは経済政策論争に直接には関わろうとしなかった。政治指導層の中でこの点で積極的に論陣を張り、農民との提携路線を主張したのはジェルジンスキー(一八七七〜一九二六。最高国民会議議長、国家政治保安局〔ゲーペーウー〕長官など兼任)やブハーリン(一九一九年から政治局員候補、一九二四年から政治局員)であった。他方、そこで工業の復興と積極的な対外政策を説いたのはトロツキーであった。彼は主流派から排除されていたこともあって、共産党が現在進めている政策はロシア革命の当初の目標を見失ったものだと批判した。彼は早くも一九二三年に、農業よりも工業の復興を優先し、経済の計画化を促進し（その主要な機関としての国家計画委員会〔ゴスプラン〕の機能を拡大し）、より積極的に国際革命を目指すべきだと主張したのである。

これに対して、農民との提携という政策に社会主義実現の道を見出したのがブハーリンであった。かつてヨーロッパの社会主義革命の実現がロシアの革命の成功の条件だと述べていた彼は、今や、社会主義革命は非常に長いタイムスパンで考えるべきだと主張を大きく変えていた。

ブハーリンによれば、今後長期にわたり、共産党政権は農民が自発的な経済活動を通じて豊かになることを支援し、その間に彼らが蓄積した資本を少しずつ工業に振り向けるべきであった。そうしている間に、農民は協同組合を通じて私的経営から離れ、社会主義に向かうと、彼は考えたのである。以上のような彼の理論は現状肯定的であった分だけ、多くの人々に受け入れやすかった。人々は内戦状態に戻りたくなかったのである。しかし、この理論には前提があった。明らかにそこでは、ソ連は長期にわたり平和な国際関係を享受できると考えていた。言い換えれば、ブハーリンの主張は、農民との提携政策と漸進的工業政策を組み合わせただけではなく、戦争回避を目指す穏健な対外政策をそれらと結びつけることによって、前記の三つの難問に答えるものだったのである。

スターリンは以上のような政策論争に加わらなかったが、別の方向で自分の能力を示そうとした。彼が挑んだのは、ロシアの革命はヨーロッパの革命と結びつくことで社会主義革命として完成するという議論である。彼はここに大きな問題があると考えた。現にヨーロッパで革命が起こらない状態でも、ロシアの革命は共産党政権の下で地主や資本家を無力にしてきた。なぜ、この状態で、あえてヨーロッパの革命が必要条件だと述べなければならないのか。こうした発想から生まれてきたのが、一国社会主義論だった。彼のこの理論は、社会主義革命を国際革命の面とロシア国内での社会変革の面とに截然《せつぜん》と分ける点で、ブハーリンの議論とよく符合していた。ここから、一部の研究者が一国社会主義論のパイオニアとしてブハーリンを挙げるのは理由のないことではなかった。要するにスターリンは、国内の政治的社会的変革に関心を集中し、ソヴィエト・ロシアはヨーロッパの革命がなくても社会主義社会を建設できると主張したのである。

一九二四年一二月に彼が書いた論文では、彼は、自分がレーニン（つまり自分）の路線とみなすものと、トロツキーの路線とみなすものを次のように対置していた。

「レーニンによれば、革命は、何よりもまず、ロシアそのものの労働者・農民の間から力を汲みとる。ところがトロツキーにあっては、ただ『プロレタリアートの世界革命の舞台において』しか、必要な力を汲みとることができない。（中略）だが、もし国際的革命が遅れてやって来るというようなことになったら、どうなるか。我々の革命には何らかの光明があるか。トロツキーは何の光明も与えていない。（中略）この見取り図によれば、我々の革命に残されているのは、自分自身の矛盾のうちで何もせずに暮らしていて、世界革命を待ちながら立ち腐れになるという、ただ一つの見通しだけである」。これに対してレーニンが示した法則は、次のことから出発している。「一国における社会主義の勝利は――たとえその国が資本主義的にあまり発展していない国であり、他の諸国には資本主義が維持されていて、しかも、これらの国が資本主義的にもっとよく発展している国である場合でさえも――まったく可能であり、また予想される」。

結局、スターリンとブハーリンは、ヨーロッパに社会主義革命が起こらなくても、ロシアで労働者が権力を保持し続ける限り（より正確には、労働者を代表すると称する共産党が権力を保持し続ける限り）、ロシアは社会主義社会を完全に実現できると主張した。彼らによれば、干渉戦争が二度と起こらないようにするには、確かにヨーロッパのいくつかの国で革命が起こる必要があった。したがって、一国社会主義論を唱えても、それでヨーロッパの革命支援を止めることを意味しなかった。このような留保をつけても、彼らの議論には、ソ連国内の社会変革を優先する姿勢が明瞭に表れていた。これに対してトロツキーは、ロシア革命の国際面、つまりその反帝国主義的性格を強調した。しかし彼がどのように論じようと、ヨーロッパに社会主義革命が起こる兆候はなかった。また急速な工業化を実現するための資本も簡単に得られそうもなかった。

スターリンの一国社会主義論は、確かに権力闘争の一環として出てきたものであったが、けっしてそれだけではなかった。先に見たように、スターリンはヨーロッパの革命にロシアの革命の命運を結びつける議論に早い時期から納得していなかったのである。この理論は、そうした長年にわたる彼の疑問に発するものであり、その意味で彼の基本的認識を反映したものであった。こうした独自の世界観を一国社会主義論として体系づけることによって、スターリンはレーニン後の指導者の第一番手として名乗り出たのである。

反スターリン・ブロックを破る

以上のごときブハーリンの経済政策論とスターリンの一国社会主義論が党内で支持を集めると、トロツキーは次第に追い詰められていった。彼は一九二五年一月に軍事人民委員を解任された。これにより、強固な組織的基盤を持たなくなったのである。そればかりではなく、トロツキーの後退は、彼を共通の敵として結びついたジノヴィエフ、カーメネフ、スターリンの三人組を解体させた。すでに前年から三者の間では軋《きし》みが見えていたので、トロツキーの後退が起こるとすぐに、三人組の対立が表面化した。

　まさにこうした状況が表面化しつつあった時期に、新経済政策（ネップ）は岐路を迎えた。確かにこの政策は、混乱状態にあった経済を回復軌道に乗せ、人々の生活に安定をもたらした。特に農業生産の回復は目覚ましかった。しかし、多くの問題も生み出した。たとえば、市場メカニズムを通して穀物の調達を図る共産党政権は、目標量の穀物を確保することに次第に困難を覚えるようになった。農民の中で貧富の差ができてきて、経済的に豊かになった農民は、自分に都合のよいときに、都合のよい量だけ穀物を売り渡そうとしたのである。この対応は、穀物を輸出し、機械類を輸入するという経済政策全体を混乱させた。さらに、農業と商業の分野に市場メカニズムが維持された結果、市場を巧みに利用する人々（富農や商人、彼らと結ぶ役人たち）が急速に金持ちになっていった。

　こうしたことが影響して、村ソヴィエトの選挙では、共産党への支持が顕著に低下した。その一方で、工業の発達の遅れは都市部にかなりの数の失業者をいつまでも残すことになった。こうして、農民と提携して社会主義社会に進むという政策に、何か間違いがあるように思われてきた。数年前にトロツキーが指摘した、革命は後退しているという批判の方が正しいように見えてきたのである。ジノヴィエフたちのスターリンとブハーリンに対する批判は、こうした疑問や不満に支えられて尖鋭化した。

しかし、スターリンは負けていなかった。彼は一九二五年末にはカーメネフを政治局員から同候補へと降格させた。さらに翌二六年一月に、ジノヴィエフが拠点としていたレニングラード（二四年にペトログラードより改称）に部下のキーロフ（一八八六〜一九三四）たちを送り込み、そこに主流派の支配を確立した。スターリンが育成してきた党組織が、この局面で圧倒的な力を発揮したのである。この事件が起きた後に、ようやくジノヴィエフとカーメネフはトロツキーと和解し、反スターリン・ブロックを結成した。しかし、もはや彼らに勝ち目はなかった。彼らは機会あるたびに政権は革命の理想から離れていると主張したが、党員の中に支持を広げられなかった。逆に分派活動を理由に、七月にはジノヴィエフが、そして一〇月にはトロツキーが政治局員の地位を剝奪《はくだつ》された。この闘いでは、レーニン存命中の一九二一年に、共産党が定めた党内分派禁止の規定がスターリンを大いに助けたのである。

国際関係の悪化

だが、それですべてが終わったわけではなかった。一九二六年半ばから、ソ連の国際関係を動揺させる事件が次々に生じたのである。最も重要な事件だけ挙げれば、中国での革命の進展を受けてソ連とイギリスとの関係が悪化した。イギリスの保守勢力の中には、ソヴィエトの支援で中国の革命運動が高まっていると考える者が多数いたのである。他方、ソ連の指導者には、当時、世界の帝国主義の指導国とみなされていたイギリスとの関係は特別な意味を持っていた。英ソ関係の安定はソ連の対外的立場の平穏を意味し、逆に関係の悪化は、すぐに干渉戦争の悪夢を生み出したのである。

実際にイギリスの保守党政権が対ソ国交断絶の行動に出たのは一九二七年五月のことであったが、すでに関係の悪化が伝えられていたその数ヵ月前から、ソ連国内では戦争が起こるといううわさが広がり、塩やマッチの買い占めが自然発生的に起こっていた。もちろん、トロツキーやジノヴィエフたちは、こうした状況を見て、スターリンの対外政策の失敗だと攻撃した。しかし、彼らの非難は党内ではあまり大きな反響を引き起こさなかった。国家が危機にあるという認識が広まると、むしろ権力闘争など行っている場合ではないとする気分が党員の中に強まったのである。

こうした状況で、権力闘争と離れた二つの問題が表面化した。第一は、戦争のうわさを聞いた農民たちが、これまで以上に穀物の市場への供出を渋り出したことである。もともと農村には農民が買うものは僅かしか供給されておらず、彼らが自分の穀物を急いで換金する必要はあまりなかったのであるが、戦争のうわさが広がったために、農民はますます様子見の姿勢を強めた。この結果、調達機関は市場を通じて必要量の穀物を確保することが困難になった。この展開は、以前から党上層部に存在した農民に対する意見の違いを明白にした。すなわち、農民に不信感を持っていた者は、農村には隠匿されている穀物量が多くあると考え、農民との提携を重視する者は、農民はすでに供出可能な量をほとんど市場に出していると主張した。しかし、一九二七年末に穀物調達量の大幅な落ち込みが明らかになると、前者の立場に立つスターリンたちは、これまでの市場を通じた穀物調達のやり方はもはや限界で、変更しなければならないと考えるようになった。

第二の問題も劣らず深刻であった。戦争の脅威は、党内に、資本主義国がソ連の工業化が進む前に干渉してくるのではないかという懸念を強めたのである。この脅威認識は、けっしてスターリンが反対派を追い詰めるためにでっちあげたものではなかった。すでに一九二六年一二月に、政治局は参謀総長トゥハチェフスキー（一八九三～一九三七）の報告を受け、スターリンの提案で「戦争の脅威と戦時の際の防衛計画」と「国防への対応とその視点からの軍事産業」について、本腰を入れて検討し始めていた。翌年五月に政治局はそれまでの討議をまとめ、労働国防会議管理会議に国防準備の基本的調整機能を与えることや、連邦と共和国の人民委員会議に動員機関を設置することなどを決めた。このとき、政治局は併せて「イギリスについて」と題する決定も採択し、その後、六月から八月にかけて、この決定を発展させる形で国防力強化に関する決定を採択した。

当然ながら、こうした動きは党指導層の中に急いで工業化を図る必要があるとする認識を広めた。つまり、ブハーリンの説いてきたゆっくりとした工業化政策は、一九二七年末までにその拠りどころとしてきた平和的環境という大前提を失いつつあったのである。

穀物調達の強行

この状態で、スターリンはなし崩し的にそれまでの経済政策を変更していった。その第一歩が、一九二八年一月から始まった穀物調達の強行である。まず六日に、スターリンは地方党組織に対して穀物調達を強化するよう指示を出し、その後、各地に幹部党員を全権代表として派遣した。一四日にこうした全権代表に向けて発せられた電報は、「我々の穀物調達の失敗の三分の二は、指導部の手落ちに責任を帰せねばならないことが証明されている」とし、「今や、穀物買い付け人とクラークに打撃を与え、投機者、クラーク、その他、市場と価格政策を混乱させる者を逮捕しなければならない。そうした政策をとることによってのみ、中農は（中略）投機者とクラークがソ連国家の敵であり、彼らの運命と自分のそれを結びつけることが危険であること（中略）を理解するのだ」と説明していた。

同時にスターリンは、病気のオルジョニキッゼに代わってシベリアに赴き、同地で自ら穀物調達を指揮した。春の雪解けによるひどいぬかるみを考えると、その前に何とか調達目標を確保しなければならないと考えたのである。このとき彼の脳裏に、一九一八年夏にツァリーツィンに派遣されたときの記憶が蘇《よみがえ》っていたものと思われる。あのときと同じように、彼は何としてでも穀物を確保する以外にないと心に決めていたはずである。

二〇日に開かれた共産党シベリア地方委員会ビューローの秘密会議での演説は、そうした彼の決意を示していた。ここでスターリンは、ロシアは今や最も小農の多い国になっており、中農はドイツに比べてずっと弱く、現実に農村を支配しているのは「クラーク」だと決めつけた。こうした一連の発言を通じて、「クラーク」から暴力的に穀物を取り立てる「非常措置」の発動を正当化したのである。「クラーク」という用語は、すでに述べたごとく、レーニンの時代からその経済的社会的地位を示す基準としては不明瞭な概念であった。

当然ながら、ブハーリンはスターリンの動きに強く反発した。指導部内にも彼を支持する者がいた。このために、調達政策はその後もジグザグを続けた。しかし同年末までに、「非常措置」を行ってでも穀物調達を優先する以外にないとするスターリンの新路線が党内多数派に受け入れられていった。ここに、新しい農民政策が始まったのである。

シャフトゥイ事件

スターリンはこれと並行して、漸進的な工業化政策の転換も図った。その出発点になったのがソ連南部、ドンバス炭鉱にあるシャフトゥイ地区で起こった「反革命陰謀事件」であった。一九二七年末に統合国家政治保安部（オー・ゲー・ペー・ウー）の一員が同保安部長官に送った報告によれば、同地区で働く経済専門家たちの組織的反革命活動が摘発された。摘発の対象となったのは、帝政時代に技術者となり、現在もソヴィエトの経済分野で働く「ブルジョア専門家」であった。スターリンはこの報告を受けるとすぐに動き出した。一九二八年二月末に政治局会議においてこの事件の裁判を開くことを決め、さらに三月初めには、政治局内に、人民委員会議と労働国防会議の議長を兼任していたルイコフ（一八八一～一九三八）を長とする小委員会を設置することを決めた。その委員にはスターリンやオルジョニキッゼなども加わった。こうして、当初は一地方の小さな事件に過ぎないと目されていた「シャフトゥイ事件」は、たちまちのうちに全国規模の大事件になった。

一連の動きは、スターリンが最初からこの事件を大々的に取り上げ、そのことによって政治的効果を狙ったことを示している。政治的効果とは、他でもなく「ブルジョア専門家」に対する大衆の不信を煽《あお》り、これまでの経済運営のあり方に転換を引き起こすことである。おそらくスターリン自身、「ブルジョア専門家」であれば、「反革命陰謀」を組織していても不思議でないと受けとめていたのである。代わりに彼が期待をかけたのは、ロシア革命後に育ってきた「新しい専門家のカードル」、つまり「若い技術者」であった。彼は、社会主義建設に熱意のある彼らを抜擢《ばってき》し、経済の現場を任せることにより、これまでとまったく異なる

モロトフ（左）とスターリン

経済運営をすることができると考えたのである。

ここでも、政治局内には反対者がいた。これまでの経済運営に深く関わってきたルイコフである。彼は、以前からいる専門家たちはソ連経済の復興に大きな貢献をなしてきた人々であり、彼らをいたずらに排斥することは経済に悪影響を及ぼすと考えた。また、最高国民経済会議議長のクイブイシェフ（一八八八～一九三五）も、ルイコフと同様の専門家擁護の姿勢を示した。

しかしスターリンは、まさに共産党上層部の中のこのような態度と結びついた経済運営のあり方を問題にしていた。そのことはほぼ同時期に開かれた政治局会議で、スターリンの側近中の側近であったモロトフ（一八九〇～一九八六）が、ルイコフの提案では、製鉄業の建設速度が緩慢に過ぎると批判した事実からもうかがうことができる。スターリンたちは、「ブルジョア専門家」と馴《な》れあった経済運営を続けていては、とても急進的工業化はできない、だから、彼らを改心させるか、排除するしかないと考えたのである。このときルイコフは、モロトフの批判に反発し、それなら自分は人民委員会議と労働国防会議の議長を辞任すると反撃し、容易に譲歩しようとしなかった。

ルイコフたちの抵抗に対して、スターリンは四月に開かれた共産党中央委員会総会で攻撃に出た。彼はここで、この事件は「ブルジョア専門家」の組織が、「現在亡命している旧来の所有者や、西側の反革命的、反ソヴィエト的、資本主義的組織から金を受けとって」行ったもので、これは「反革命的干渉」以外の何ものでもないと説明した。明らかに彼は、事件の国際的意味合いを強調して、事の重大性を認識するよう求めたのである。スターリンのこうした発言は、一部の国民を刺激し、各地で「ブルジョア専門家」排斥のキャンペーンが組織された。こうして、国内に、彼らを正面から擁護することが困難な状況が生み出される中で、シャフトゥイ裁判は七月に四九人の被告に有罪の判決を下すことで結審した。

この裁判の結果、スターリンの解釈が多かれ少なかれ事実なのだとする認識が党内に定着していった。このことは、今やルイコフも、ブハーリンと同じように、革命の敵に対して甘い政治家だとレッテルを貼られたことを意味する。彼らはその後もしばらくは政治局員の地位を保ったが、もはや党内に影響力をほとんど持たなくなった。

農民を犠牲に、五ヵ年計画へ

ここまで来ると、ようやくスターリンは最終カードを開いて見せた。裁判の判決後に開かれた七月の中央委員会総会において、彼は次のように新路線の目標とそれに至る道筋を示した。スターリンの思考過程を示すために、少し長く引用してみよう。

「（資本主義国では、工業化のための資本を『他国の略奪』とか、外国からの『借金奴隷的な借款』とかによって調達してきた。しかしソ連には、こうした方法はありえない）。そうとすれば、いったい何が残っているだろうか。残っているのはただ一つ、国内の蓄積によって工業を発展させ、国を工業化することである。（中略）

ところで、この蓄積の主要な源泉はどこにあるか。これらの源泉は（中略）二つある。すなわち第一には、価値を創り出して工業を前進させている労働者階級であり、第二に農民である。わが国の農民の状態は、現在のところ次のようになっている。すなわち彼らは、国家に対して普通の税金たる直接税および間接税を納めているだけでなく、さらに第一には、工業製品に対して比較的高い価格で余分に支払っており、第二には、農業生産物に対して多かれ少なかれ価格を十分に受けとっていない。（中略）

これは『貢租』とでも言うもの、超課税とでも言うものであって、我々が一時これを徴収することを余儀なくされているのは、工業の発展テンポを維持し、さらに発展させて、国全体のために工業を確保し、農民の福祉をいっそう向上させ、（中略）『はさみ状の価格差』〔工業製品と農産物の間の価格差―引用者〕をすっかりなくすためである。この事情は、何と言っても不愉快である。だが、（中略）わが国がさしあたっては農民に対するこの追加的な税金なしにはやっていけないということに目を閉じるならば、我々はボリシェヴィキではないであろう」

ここにある「貢租」とは、他でもなく帝政期の農奴が義務として負わされたものである。したがって、ここでスターリンは、ネップの時期もある程度は農民を犠牲にして工業化を進めてきたのであるが、今後もこの「農奴」依存的政策を（より強化して）堅持せざるをえない、と述べているのである。ここに含意されているのは、農民を犠牲にすることを覚悟した、急進的工業化政策とでも呼ぶべきもので、明らかに、かつてトロツキーが示唆した政策に類似していた。さらに言えば、スターリンが唱えているのは、農民を「農奴」として扱うことをあからさまに認める政策であり、トロツキーの提案よりも、姿勢として革命政権に相応《ふさわ》しくなかった。しかし、今やトロツキーは共産党から除名され、遠いカザフスタンのアルマ・アタへ追放されており、もはやこのような変身を追及できる状況になかった。

以上のごとく、工業化の論争に限って見れば、トロツキーには先見の明があったと言わねばならない。しかし、それですべてではなかった。スターリンから見れば、トロツキーが急進的工業化を主張していた時期は、彼の政策は時宜を得たものではなかった。このような政策は、農業生産が回復しておらず、国家機構も弱体な時期に打ち出すべきものではなかった。

スターリンは、一九二八年までに状況が大きく変わったと判断したのである。いや、同年一一月の党中央委員会総会での発言を見る限り、中央委員のかなりの者が、スターリンと同じく、今こそ急激なテンポで工業化を進めるべきときだと考えたのである。

だが彼らの多くも、この時点では、新たに採用した路線がどこまで実現可能なのか、一抹の不安を覚えていたはずである。まず、この新路線に農民が反発し、抵抗することは必至であった。また、「ブルジョア専門家」に疑惑の目を向けたままでの急進的工業化が、経済のバランスを崩すこともありえた。まさにこうした危険を冒しつつ、スターリンたちは急進的工業化路線に突き進んだのである。この新しい政策の柱となるのが「経済建設五ヵ年計画」であった。

最初の「五ヵ年計画」は、まさにこの時期に、経済専門部局の中で完成に向かっていた。その最初の版が正式に承認されるのは一九二九年四月であるが、一九二八年一〇月一日が五ヵ年計画の開始日とされた。このとき提出された五ヵ年計画は非常に野心的なもので、計画作成に参加した多くの者が、これによりソ連を先進資本主義国に技術的経済的に優る経済を持つ国にしたいと考えていた。明らかに彼らの多くは、前代未聞の方法で農業国を一挙に工業国へ改造するという夢に取りつかれていたのである。こうして、国内に残されていた市場メカニズムは急速に消失していき、代わりに国家機関の立てた目標に従って生産と分配を組織する「計画経済」が軋みをあげつつ定着していった。ここに始まった社会の転換は、多くの人々が「上からの革命」と呼ぶほどに激烈なものだった。

第6章　最高指導者

自信に満ちた展望

内戦終了時からの「短い一〇年」が複雑な時期であったとすれば、一九二〇年代末から一九四一年までの「長い一〇年」は、スターリンにとって、またソ連にとっても光と闇《やみ》が交錯する矛盾に満ちた時期であった。この期間に強行された農業集団化によって、また大粛清によって、異常な規模の人命が奪われたことを考えれば、この時期はおぞましい犯罪に満ちた年月だったということになる。しかし他方では、まさにその農業集団化を伴いつつ進められた急進的工業化によって、ソ連という国家が第二次大戦を戦い抜く世界強国に変貌したことを考えれば、この時期は大躍進期でもあった。

一九二〇年代末の時点では、スターリンは彼の政策が多少の犠牲を伴うことを覚悟していたが、実際に起きた規模での災禍を招くとまでは予期していなかった。そのことは彼が一九二九年一一月七日付の『プラウダ』紙に掲載したロシア革命一二周年の記念演説が明瞭に示していた。その結びで彼は、以下のごとき自信に満ちた展望を示したのである。「我々は、我々の長年の『ロシア的』立ち遅れに別れを告げ、工業化によって社会主義の方向へ全速力で進みつつある。我々は、金属の国、自動車の国、トラクターの国になりつつある」

国際的に見れば、この時期のスターリンには確かにこのような自信満々の予想を立てるだけの理由が存在した。まず前月にニューヨーク証券取引所において株価が大暴落し、彼がこの演説を発表したときには、資本主義は奈落《ならく》の底に向かっているかに見えた。それればかりではなかった。一〇月初頭に長く断絶していた英ソ外交関係が復活した。両国関係は非妥協的外交姿勢を貫いたスターリンの思惑通りに進み、最終的にイギリス側が折れて、外交関係が再開したのである。

さらに、この年の夏に奉天《ほうてん》（現在の瀋陽《しんよう》）の軍閥、張学良《ちょうがくりょう》（一九〇一〜二〇〇一）が武力によって回収を図った東清《とうしん》鉄道についても、九月末から攻勢に転じたソヴィエト軍が、同年末までに完勝を収めた。張学良の軍隊は完膚なきまでに打ち負かされ、いったん奪取した鉄道を奪い返され、その管理は元の状態に戻されたのである。

五ヵ年計画――重工業プロジェクトと農業集団化

しかし、この演説は以上のような国際問題にまったく触れていなかった。そこでスターリンが言及したのは、もっぱら国内の「社会主義建設」の事業であった。間違いなく彼は、このとき国内で進んでいた壮大な規模の社会的経済的改造に気分を高ぶらせていたのである。この時期国内の工業分野では、国家主導による五ヵ年計画に沿って大規模な投資がなされ、トラクターなどの生産が進んでいた。

それればかりではなかった。ソ連各地で重工業の基盤が生み出されつつあった。この点を象徴するのが、スターリンがこの演説で具体名を挙げなかった一連の大規模プロジェクトであった。すなわち、ウクライナのドニエプル河に建設する水力発電所を中心に、一大工業センターを生み出そうとする「ドニエプロストロイ」であり、綿花の産地トルキスタンと穀物の産地シベリアを結ぶ総距離一五〇〇キロメートルのトルキスタン～シベリア鉄道「トルクシブ」であり、一九二九年初頭にウラル地方中部の辺鄙《へんぴ》な地域で始まった「マグニトストロイ」であり、それとほぼ同時期にシベリアのクズネツク盆地で始まった「クズネツクストロイ」である。

これらのプロジェクトのうち、第一と第二のものは一九二六年末に採択され、翌年に着工されており、スターリンが演説をしたときには建設がたけなわであった。また第三のプロジェクトは、巨大な鉱床が生み出す磁気に由来する「磁気の山」（マグニトナヤ・ガラー）と呼ばれた土地に、大規模な冶金《やきん》都市「マグニトゴルスク」を建設しようとする試みである。これはまだ始まったばかりであったが、完成した暁には、ここだけでロシア帝国が一九一三年に生産した鉄鋼量を生産することになっていた。第四のプロジェクトも同様で、シベリアのクズネツク盆地にある巨大な炭田を活かして、最終的にウラル・クズネツク・コンビナートとなる大工業地域を創り出すことを目指していた。明らかにこの演説を発表したとき、スターリンはトラクターなどの生産ばかりか、こうした大プロジェクトの進行に一抹の不安を抱きつつも、多大な期待を寄せていた。そうでなければ、翌年も同様のプロジェクトをいくつも着工させるはずはなかった。

それでは、農業の分野ではどうか。演説によれば、農村でも今や「小規模の遅れた個人農経営」が「先進的な集団農業」へと向かう「根本的な転換」が起こっていた。そこでは「金持ちと資本家を追い出し、中農と貧農を新しく再装備し、新しい用具で装備し、トラクターや農業機械で装備し、（中略）協同的、集団的土地耕作の大道へ進ませる」過程が進行しているというのである。ここでは、スターリンは具体的数字を挙げて説明した。すなわち、一九二八年に社会主義的農業を示すコルホーズ（集団農場）とソフホーズ（国営農場）において生産された商品穀物は約五六〇〇万プード（一プードは一六・三八キログラム）以上であったが、年々増大し、一九三〇年にはそれが約四億プード、つまり全農業の商品穀物生産の五〇パーセント以上になるはずであった。

国を挙げてこのような大規模な事業を始めれば、失業問題が解決に向かうのは当然であった。失業者数は一九二九年から急減していった。この状況に、同時代の資本主義国の人々は自国の暗澹《あんたん》たるありさまと対比し、羨望《せんぼう》の眼差しでソ連を見るようになった。

工業部門の問題

しかし、スターリンの演説が描いたバラ色の展望には大きな問題が隠されていた。第一の問題は、彼が演説の中で「もう数年前に我々の手で解決されている」と主張した軽工業にあった。実際には、この分野は解決どころではなかった。なかなか成果の出ない重工業部門への投資を優先した結果、軽工業部門の生産は伸びず、日用品の不足が慢性的になったのである。たとえば一九三〇年代初めには、町の職人たちが製造していた陶器類や籠《かご》、サモワール（ロシア独特の茶器）、毛皮のコートや帽子が手に入らなくなった。それどころか、公衆食堂ではスプーン、フォーク、皿、椀《わん》が不足し、人々は食べ物ばかりか、それらを求めて行列を作らねばならなくなった。ナイフは普通には手に入らなくなった。金属製のたらいやバケツややかんも不足するようになった。

第二に、彼が「テンポを早めながら前進している」と書いた重工業部門でも、問題が起こっていた。五ヵ年計画は、野心的な地方党幹部などの熱意に押されて、次々に目標が上方修正されていたが、労働の生産性は上がらず、資材と資本の浪費が繰り返されていた。たとえば、大規模プロジェクトの中で比較的早くに始まった「ドニエプロストロイ」の場合には、一九二七年の調査ですでに無駄な出費を指摘されていたにもかかわらず、一九三〇年に労農監督人民委員部が送った調査団も、資材の取り扱いや人員の利用などを改善すれば、多額の費用が節約できたと報告した。計画の無謀さや資源の浪費を率直に指摘する意見は、計画遂行の熱意に水を差すものだとして無視されたものと思われる。

結局、重工業建設の分野でこうした状況が多少とも改善に向かうのは、一九三〇年一一月に最高国民会議議長にオルジョニキッゼが任命された後のことだった。このときオルジョニキッゼは、経済目標の達成のために資本の効率的利用を図ることや専門家の意見を重視する姿勢をとったのである。彼の発言はかつてシャフトゥイ事件の際に、専門家を擁護してルイコフが述べた警告とほぼ一致していた。

農民の熾烈な抵抗

さらに、以上の工業部門の諸問題よりもはるかに深刻な問題が隠されていた。それは他でもなく農民の抵抗である。政権側はこれに対処するために次々と政策をとった。第一に、一九二九年六月から翌月にかけて、各農戸に穀物供出義務を課し、果たさない場合には法によって罰すると脅した。第二に、同年秋から翌年初頭にかけて「全面的集団化」と「階級としてのクラークの清算」のために一連の措置がとられた。これによって、農民は「コルホーズ加入か、〔収容所があることで知られる〕ソロフキーに行くか」という選択肢を突き付けられた。第三に、こうした強圧策を実施する現地機関を助けるために、都市部で政治的組織的活動に慣れた労働者や党員が動員され、農村に派遣された。彼らに対する説明は、農民は政治的意識が低く、時代の変化が理解できないで抵抗しているのだというものだった。

もちろん、農民たちは異なる考えであった。ロシアの農業史家N・イヴニツキーによれば、一九三〇年一月から二月の間だけで、農民の「大衆的直接行動」と呼ばれる騒擾《そうじょう》が一五〇〇件も起き、延べ三五万人近い農民が参加した。また三月にも同様の事件が六五〇〇件発生し、延べ一六〇万人もが参加した。各地で不穏な様相が広がったのである。この事態にスターリンをはじめとする政治局員は対策を考えざるをえなかった。

三月二日付『プラウダ』紙に掲載された「成功の眩惑《げんわく》」と題するスターリンの論文は、こうして生まれた対策の一つだった。この論文は、「コルホーズを力ずくで植え付けることはできない。そんなことをするのは馬鹿げた、反動的なことであろう。コルホーズ運動は、農民の大多数の積極的な支持を基礎としなければならない」と説き、全面的集団化政策の行き過ぎは指導部の意図を曲解した現地の活動家によるものだと釈明した。要するに、責任を現地の活動家になすりつけたのである。スターリンの論文を知った農民たちは喜び、コルホーズから続々と脱退していった。要するに農村に関して言えば、一九二九年一一月にスターリンが描いたバラ色の展望は半年も経たないうちに霧散してしまったのである。

しかし、スターリン指導部は実質的に何も政策を変えなかった。彼らは、いずれにせよ未来は工業にあると確信していた。スターリンが一九三〇年四月に工業専門学校の卒業生に送った祝辞の言葉を使えば、彼らの頭にあったのは、ソ連を「農業国から工業国へ、電化と金属の国へ、機械とトラクターの国へ転化させること」であった。明らかに彼らは急進的工業化政策の成功に国の将来を賭けていた。すでに一九二九年の一一月にブハーリンは政治局員を解任されており、一九三〇年秋から農民をコルホーズに入れる動きがかなり公然と再開されても、もはや指導部内には誰も反対する者がいなかった。こうして、一二月の共産党中央委員会総会において、翌一九三一年の集団化の課題（統制数字）を採択し、全面的集団化と

「階級としてのクラークの清算」政策を基本的に一九三一年の間に完了することが決まった。

当然、農民の抵抗は熾烈《しれつ》だった。しかしスターリン指導部はこれを力で押さえつけようとした。一九三〇年から翌年の間に、三八万一〇二六の家族（一八〇万三三九二人）が「クラーク」として農村から追放された。コルホーズ員になることを受け入れた農民の中には、加入の際に飼っていた鶏や馬を処分するという行為に出る者もいた。どうせ自分のものでなくなるなら、食べてしまった方がましだと考えたのである。また彼らは、コルホーズに入っても、生産意欲を示さないことによって消極的に抵抗した。さらには農業そのものを棄て、都市部や建設現場へと逃亡する者や、党員に対してテロ行為に及ぶ者も出てきた。これは、農村の社会的基盤が崩れ出していたことを意味するが、スターリンたちはこれを「革命の敵」の最後の悪あがきと受けとめた。

穀物の輸出では、指導部は予想外の事態にも直面した。何よりも、世界恐慌によって国際市況での穀物価格が大幅に下落したのである。これは、穀物輸出で工業用設備を輸入する資金を得ようとしていた彼らを大いに困惑させた。それを止めれば、急進的工業化政策そのものを中止せざるをえなかった。この状況での指導部の選択は、一九三〇年八月二四日にスターリンがモロトフに送った指示に示されている。それは次のようなものであった。

「国際市場における穀物価格が『最高点に』達しないうちは輸出をしばらく見合わせること

を提案する知恵者たちがいる。（中略）これらの知恵者たちを叩き出す必要がある。彼らは我々を罠《わな》に引きずり込むであろうから。待機するためには外貨備蓄が必要だ。そして我々の元にはそれがない。（中略）要するに、穀物輸出を猛烈に強化する必要がある」

穀物価格の低迷は一九三一年にも、その翌年にも続いた。当然、どうしても外貨を必要とするスターリン指導部は予定以上に大量の穀物を輸出しなければならなかった。

さらに天候が指導部の計算を狂わせた。これは予想外と言うより、一九三〇年という年があまりに天候条件に恵まれたことの反動として現れた。同年にはソ連でこれまでにない穀物の調達量が確保されたのである。この成功がスターリン指導部を強気にさせた。この結果、一九三一年の気候条件はあまりよくなく、実際の収穫量が低下したにもかかわらず、穀物調達量を引き下げようとしなかった。この時期の調達の方法は内戦期の「割り当て徴発制」と変わらないものになった。違いは、内戦期とは異なり、国家権力がはるかに強力になっていたことである。先に挙げた農業史家イヴニツキーによれば、こうして一九三一年夏から翌年初めまで穀物調達が強行された時点で、すでにウラルやウクライナ、ヴォルガ地方などの多くの地域で飢餓が始まっていた。

以上の他にも、この時期にはスターリンたちの行動に影響を与える事態が生じていた。国際的緊張である。かねてから軍部は、トゥハチェフスキーを中心に大幅な軍備拡充の必要を説き続けていた。スターリンは一九三〇年三月には軍備抑制派の国防相ヴォロシーロフ（一八八一～一九六九）の意見に一応同意する姿勢を示し、現下のソ連の経済状況ではトゥハチェフスキーの軍備増強案は空想的だとする判断を示していた。しかしその後、彼は急に意見を変えた。この点を研究するロシアの軍事外交史家O・N・ケンによれば、その理由は、ソ連指導部が、この時期に、ドイツ政府はこれまで長く続けてきた独ソ友好関係に見切りをつけつつあると受けとめたことにあった。ドイツとフランスの間で起こった関係改善の動きを過大評価したのである。この結果、もし独仏関係が改善すれば、ドイツを仮想敵国としてきたフランスとポーランドなどが、対ソ攻撃に踏み切る条件が整いつつあると警戒した。

こうした状況で、ソ連指導部は一二月三〇日にモロトフを長とし、スターリン、オルジョニキッゼなどを委員とする国防委員会を設置した。これにより、戦争準備の問題がごく少数の者たちだけで検討できるようになった。さらに翌一九三一年初頭には、スターリンは最高国民経済会議と陸海軍人民委員部に戦車増産を検討するよう命じ、トゥハチェフスキーが説いていた軍の機械化案に明確な支持を表明した。この点は、それまでレニングラード軍管区司令官の地位に退けられていた彼を、六月に陸海軍人民委員部人民委員代理へと昇進させたことによっても確認されたのである。
スターリンの当時の思考は、一九三一年二月に『プラウダ』掲載の論文によって、かなり明瞭にうかがうことができる。彼はそこで、次のように説いたのである。

「いくらかテンポを緩め、〔五ヵ年計画実現の〕動きを控えてはいけないか、という質問をする者が時々ある。いや、同志諸君、それはいけない！（中略）テンポを押さえることは立ち遅れを意味する。そして立ち遅れた者は打ち負かされる。（中略）旧ロシアの歴史の一面は、ロシアが立ち遅れのために絶えず打ち負かされていたことにある。蒙古《もうこ》の汗《ハーン》に打ち負かされた。トルコの豪族に打ち負かされた。スウェーデンの封建領主に打ち負かされた、（中略）すなわち、軍事上の立ち遅れ、文化上の立ち遅れ、国政上の立ち遅れ、工業上の立ち遅れ、農業上の立ち遅れのためである。（中略）

資本主義の狼《おおかみ》の法則はこうである。お前は遅れて弱い――つまり、お前は正しくなく、したがって、お前を打ち負かして、奴隷にして差し支えないのだ。お前は強い――つまり、お前は正しく、したがって、お前には用心しなければならない、と。だからこそ、我々は、これ以上、遅れてはならないのだ。（中略）我々は先進諸国に五〇年から一〇〇年立ち遅れている。我々はこの距離を一〇年で走り過ぎなければならない。我々がこれを成し遂げるか、それとも、我々は押し潰《つぶ》されるかである」

ここにこそスターリンの本音があった。彼は帝政ロシアから社会主義国家へ転換しても、強大な国家に脅かされてきたロシアの歴史的伝統は何も変わっていないと考えた。それどころか、今やソ連は敵対する資本主義国の中にあるがゆえに、帝政ロシアのとき以上に国際的には危険な状態にあると認識していたのである。

同年秋に勃発した満洲《まんしゅう》事変は、こうした彼の不安を一段と強めることになった。九月二四日、ソチで休暇をとっていたスターリンは、日本軍の軍事行動に対する彼の見解をモロトフとカガノヴィッチに書き送った。そこには次のような一文が含まれていた。

「おそらくは、日本の干渉はすべての、あるいはいくつかの列強との間の、中国における勢力圏の拡大と強化に関する取り決めに基づくものだ。アメリカが張学良擁護のために大きな騒ぎを起こすこともなくはないが、あまり起こりそうもない。というのも、日本と紛争を起こさなくても、また中国人自身と協定してでも、現状では彼らは中国における『自国の分け前』を確保できるからだ。日本人が、中国の若干の影響力のある軍国主義的グループ、たとえば馮《ふう》〔玉祥《ぎょくしょう》〕や閻錫山《えんしゃくざん》などのグループ、あるいは（中略）こうしたグループすべてから干渉への同意を得ていることもなくはないし、あり得ることとである」

ここにあるのは、日本軍がすぐにもソ連の脅威になるという認識ではない。むしろ彼が恐れたのは、資本主義列強が連携して反ソ行動に出る事態であった。そうした認識の根底にあったのは、中国をはじめとする世界各地の革命勢力が弱体化し、ソ連が孤立しているという認識であった。このような心理状態が、先の論文にある、急激な工業化を成し遂げるか、それとも押し潰されるかという切実な判断を生み出していたのである。

有無を言わせぬ穀物調達

しかし、始めたばかりの急進的工業化政策は、彼の予想をはるかに超える困難に直面していた。何よりも、指導部は工業化のため、また急速に進む都市化に対応するために穀物を大量に調達しなければならなかった。しかも、コルホーズ体制は安定した穀物調達に役立つと考えられていたが、実際には農民の生産意欲を著しく減退させ、調達を困難にした。ロシアの歴史家I・E・ゼレーニンの研究が紹介する治安当局の資料によれば、一九三二年半ば過ぎの時点で、農民たちは次のような言葉を発していた。

「俺は信じないぞ、〔穀物調達の〕計画が一つ遂行されれば、また別のが渡される。去年と同じだ。また、何も残りはしない。少しぐらい残されたって、馬車馬のように働いて、食べるものは何もない」

「俺は今年の春は、政府は穀物調達を引き下げると信じたが、そうではなかった。まだ刈入れもしていないのに、〔彼らは〕もう絞り取り始めた。年中、俺たちを騙《だま》し、毎回百姓を欺いている。ソヴィエト権力には真実（プラウダ）はなかったし、今後もありはしない」

農民たちの間に充満した不満と不信の念は、夏からの刈入れに影響を及ぼした。彼らの中から、収穫物を隠したり、倉庫から穀物を盗んだりする者が現れた。五月には、スターリンはウクライナなどで見られた不穏な兆候に対し、一連の措置をとった。穀物や家畜の調達計画を引き下げ、調達遂行後に残った生産物の自由販売を許可したのである。しかしそのような弥縫《びほう》策はさしたる効果をあげなかった。

この事実を見てスターリンは、農民の抵抗に、暴力的に対処する方向に向かった。それが八月七日に採択された新法である。その内容は、国営企業やコルホーズなどの資産（圧倒的に食糧）を盗んだ者に対して、たとえその量が僅かでも、一〇年の投獄もしくは銃殺刑を科すという厳罰を定めるものだった。明らかに彼は、意識の低い（とみなしていた）農民の穀物窃取《せっしゅ》に対処するためには、身震いさせるような恐ろしい処罰を示すのが一番だと考えたのである。

こうした強い決意の下、彼は一〇月にはソ連の穀物地帯であるウクライナ、北カフカースなどに部下たちを派遣し、調達を督励させた。たとえばカガノヴィッチやミコヤンなどから成る委員会は北カフカースに赴き、そこで同地の共産党委員会を通じて有無を言わせぬ穀物調達を行った。言うまでもなく、実際に飢えている農民たちを見ている現地の党員の中には、指導部の動きに同調しない者もいた。しかし彼らの抵抗は簡単に排除された。この結果、一一月にクバン州だけで共産党を除名された者が全体の四三パーセントに及び、同時期に北カフカース全体では一万五〇〇〇人もの人々が逮捕された。モロトフが派遣されたウクライナでも、ポスティシェフ（一八八七～一九三九）が送られたニージニー・ヴォルガ地域でも、事態はほぼ同様だった。

党内からの批判と妻の自殺

この状況に共産党員のすべてが沈黙したわけではなかった。八月にモスクワ郊外の村で、スターリンを批判する「マルクス・レーニン主義同盟」の二〇人以下のメンバーが集まり、秘密集会を開いた。彼らの間で議論されていた綱領は、この集会に参加していなかったリューチン（一八九〇～一九三七）の名前をとって、「リューチン綱領」と呼ばれた（モスクワの地区委員会書記だったリューチンは、一九三〇年にスターリンに同調しなかったことから党を除名されており、このときの党員たちの集会に参加しなかった）。彼らの認識では、スターリンの政策はトロツキーのそれと同じで、革命を破滅に導くものであった。つまり、他ならぬ党内から、スターリンの政策を正面から批判する動きが起こっていたのである。しかし、国内に張り巡らされていた密告システムは、抗議の機運が広がるのを防ぐのにきわめて効果的であった。九月にリューチンたちは逮捕され、翌月には一〇年の独房禁固などの刑が科せられた。

スターリンの妻ナデェージュダが、一一月九日に彼との口論の末に自殺したのは、おそらくはこのような国内状況と無関係ではなかった。

しかし党内に批判が出ても、また妻が自殺しても、スターリンは急進的工業化政策を止めるわけにはいかなかった。この時点での政策転換は、政策全体への信頼を失わせ、ソ連体制そのものを危機に陥れる恐れがあった。だが、すでに春の時点で飢餓が起こっていたウクライナなどの地域では、厳しい調達の結果、食べるものが何もない状態にあった。まさに絶体絶命の状況であったが、スターリンは強引に事態を乗り切ろうした。まさに権力欲が彼を引きずっていたのであるが、そこには自分が権力者として生き延びなければ、社会主義国家もまた生き延びることはないという政治指導者の究極の意識も働いていた。

スターリンは一一月二七日に党の幹部たちを集め、現在の穀物調達の困難は、何よりも一部の農民や反革命分子の「悪意に基づく妨害」によるものだと説明した。彼に言わせれば、コルホーズ員の大半は「農村におけるソヴィエト権力の支柱」であったが、そのことは、彼らの中にソヴィエト体制に敵対する者がいないということではなかった。「こうした〔敵対する〕個々のコルホーズ員やコルホーズに対して、（中略）共産党員が壊滅的な打撃を与えないとしたら、それは馬鹿げたこと」である。要するにここで、スターリンは、農民に断固たる姿勢をとらない党員は敵に魂を売った者とみなすと告げたのである。

農村の悲劇——百万単位の餓死者

この時期に、飢えた農民たちはコルホーズを捨て、都市部に逃げ込もうとしていた。カザフスタンでは中国領に逃亡する者が続出した。指導部としては、このような動きを放置するわけにはいかなかった。彼らはまず国内の要所に統合国家保安部の部隊を配置し、農民の移動を遮断した。一二月二七日には国内旅券制度を導入して、人々が国内を移動することを制限した。この制度の隠された目的は、農民が農村から出て行くことを禁止することにあった。彼らには国内旅券が交付されなかったのである。さらにスターリンとモロトフは、翌一九三三年一月二二日に極秘指令を出し、北カフカースやウクライナから農民たちが脱出することを全面的に禁止した。

以上のような事情を明確に示すのは、近年ロシアで刊行された治安当局（一九三四年に統合国家保安部は、内務人民委員部に吸収される）の報告資料集である。たとえば極秘指令後に同保安部副議長ヤゴダ（一八九一～一九三八）が各支所に出した指令は、ウクライナ、ベラルーシ、北カフカースから脱出してくる大量の農民は、反革命組織の残党が組織したものなので、「即時に、仮借なく、断固たる態度で措置をとるよう」命じていた。

ヤゴダは早くからボリシェヴィキ党組織に加わった革命家で、一九二〇年代にスターリンと特別な関係があったわけではなかった。たとえばトロツキーは、ヤゴダを正確で、丁寧な以外、特徴のない人物と評していた。彼がスターリンと関係を深めたのは白海《はっかい》運河建設のときからだと考えられる。この運河は、スターリンの好む大規模プロジェクトの一つとして、一九三一年から二年間かけ、収容所に送られていた「囚人」たちを利用して建設されたことで知られている。ヤゴダはこの運河の建設時に、「囚人」たちの処遇や労働条件を改善するよう指示を出していた。要するに、彼は使命感を持って活動する統合国家保安部の幹部職員であり、病的な性格を持つ人物と考えるのは適切でなかった。このときも彼は、革命政権が苦渋の中で決断したことを、自らの任務として正確に遂行しようとしたのである。それが具体的に意味したことは、二月二日付で彼がスターリンとモロトフに送った報告書に示されている。

すなわち同報告書によれば、前記の三地域から脱出して来て同保安部に拘束された者は、一月の二二日から三〇日までの間だけで二万四九六一人に及んだ。報告書は、そのうちの一万六〇〇〇人余りについては元の居住地に戻す措置がとられ、一〇一六人は逮捕し、残りの七八〇〇人余りについては調査を継続中であると記していた。

同様の内容を伝える報告書は、これ以降も毎週のように作成されていたが、なかには一歩踏み込んで、拘束された農民たちが保安部の職員に漏らした言葉を書き留めているものもあった。その内容は、たとえばスターリンとモロトフ宛ての二月二七日付報告書の場合には、次のようなものであった。

「食い物はない。人々は飢えて腹を膨らませている。死んだ馬を食べている。穀物調達を課せられているが、出すものは何もない。遂行しなければ、裁判にかけられる。北カフカースからできるだけ遠くに逃げるだけだ」

「本当に、どうなっているのかわからないのか。他の場所に食い物があれば、人はそこに行って、とってくるだろう。ところがあいつらは、この場所で〔我々が〕くたばるようにしているのだ」

報告書を作成した者はこのような言葉を書き留めつつ、無力さを感じていたであろう。彼らは命令に従って、痩《や》せ衰えた人々を食物のない元の居住地に戻るよう追っ払った。誰もこの状況を外部に漏らすことはできなかった。実際、国外の事情通はウクライナなどの穀倉地帯で異常な事態が進行していると観測していたが、詳しいことは何もつかめなかった。

飢餓状態は穀物が稔る夏まで続いた。それまで、これらの地域の農民たちは食物のまったくない地域に閉じ込められたのである。このとき飢えて死んだ者の数は現在も正確には算定できていない。多くの研究者は、国勢調査などの史料を利用して四〇〇万人から五〇〇〇万人ほどだったのではないかと推測している。つまり、第一次大戦で死亡したロシア国民よりも多くのソ連人が、この時期の政策の結果として命を落としたのである。

スターリン指導部の譲歩

スターリンは農村でこうした悲劇が進行していた一九三三年一月に、ソ連共産党の中央委員たちに向かって演説している。彼はそこで「五ヵ年計画」の工業の部分について、四年で遂行したと成果を高らかに宣言した。演説の大半はそのことであったが、それでもここで少しだけ、農業の部分で問題が生じたことを認めた。しかし、彼の見るところ、問題は農民が飢えつつあることではなかった。一九三二年の穀物調達が「前年よりも大きな困難を伴った」ことが問題だと言うのである。彼によれば、その理由はもともと調達計画に無理があったからではなく、党内の農村活動家が「すでに一九三二年の七月に、あらゆる手段で穀物調達を強化し、促進すべきであった」のに、それをしなかったからであり、集団化の達成で自分の仕事が終わったとみなし、農業での共産党の指導的役割を放棄したからであった。この点では自分にも責任があるが、それは他の党員と同様だと言うのである。

彼のこうした説明は、自らの保身を図ると同時に、コルホーズ体制の維持を図るためのものであった。責任をなすりつけられた党員たちが納得したはずはなかった。しかし、もはや国内にはスターリンの路線に反対する勢力が活動する余地はなかった。

ジノヴィエフとカーメネフは、一九二八年に悔悛《かいしゅん》の姿勢を示したとして一時的に党籍を回復していたが、一九三二年にリューチン事件が起こると、それとのつながりがあったことを理由に再度除名された。トロツキーは一九二九年にトルコに追放され、その後も世界各地を転々とする状態にあった。またブハーリンは重工業人民委員部の参与として、かろうじて生き延びているという状況であった。つまり、この時点でスターリンは誰にも挑戦されることのない最高権力者になっていたのである。

だが、そのことは彼の地位が盤石であったことを意味しなかった。ロシアの歴史学者フレヴニュークは歴史史料館で働くという地位を利用して、特別に多くの未公刊文書を閲覧できる立場にあるが、その彼によれば、一九三二年から翌年にかけて党内にはスターリン離れの動きが起こっていた。この時期に党から除名された者が四〇万人にのぼった事実は、そのことを示しているというのである。開示された史料はまだ不十分だが、確かにスターリン指導部のその後にとった以下のごとき行動は、このような推測を裏付けるものである。

第一に、指導部は一九三三年五月七日に統合国家保安部の三人法廷（トロイカ）と呼ばれる簡易裁判の形式を見直すことを決めた。それまでは、共産党県委員会書記や統合国家保安部の地域全権代表などから成るトロイカが、逮捕者に対する非常に簡単な審理の後に銃殺刑などの判決を下していたのであるが、この制度を廃止したのである。この動きは翌年七月の保安機関の改組、内務人民委員部の設置の動きにつながった。このとき統合国家保安部の機能を同部に移管させるとともに、そこから裁判機能の一部を剝奪した。

第二に、下級の党機関などに、農民の大量追放を禁じる訓令を発した。第三に、一九三四年初頭に承認された第二次五ヵ年計画は、第一次のそれと比較すると、ずっと穏健な目標を定めるものだった。さらに、コルホーズ近傍で農民が個人副業経営を始めることを許可するという形で農民に対する融和姿勢が示された。このような対応はその後も続き、一二月には前記の八月七日法（一八五ページ）によって投獄した人々の罪状を再審議し、恩赦を与える動きが始まった。要するに、一九三三年から一九三五年まで、スターリン指導部は次々に融和策をとり、党内と国内の批判的気分を弱める政策をとったのである。

しかし、こうした譲歩策の背後では別の動きも進行していた。スターリンとしては、権力にとどまるためには譲歩策ばかりを示すわけにはいかなかった。実際、急進的工業化政策は確かに一定の成果を挙げていたが、それでも失われた人命はあまりにも甚大で、いつの日か、責任追及の動きを生じる恐れがあった。つまり、冷静に事態を捉えれば、譲歩して時を稼ぐと同時に、将来の批判を封じるための策を講じておく必要があったのである。以上のような矛盾した課題を考慮しなければならなかったので、一九三三年以降の農民政策は落ち着かない融和策とでも呼ぶべきものになった。

リトヴィノフとトゥハチェフスキーの路線

ところで、こうした農民に対する、底の浅い譲歩策が進行しているとき、対外政策でも一定の転換が起こっていた。一九三二年頃から、スターリンは外務人民委員部（外務省）から上がってくる提案に前向きになり、その発言に耳を傾けていったのである。その帰結が、外務人民委員（外務大臣）リトヴィノフの推し進めた集団安保体制の構築に向けた政策であった。長くソ連指導部は帝国主義体制との戦いこそ自国の使命だとする考えに囚《とら》われ、西欧諸国との友好関係を拒否してきたが、イギリスをよく知るリトヴィノフは、そうした方向に未来がないことを理解していた。特に一九三三年初頭にドイツでヒトラーが権力を握ると、彼は西欧諸国との提携の可能性を真剣に考えるようになった。

スターリン指導部も、ソ連を取り巻く状況がいよいよ緊迫してくると、徐々にリトヴィノフの提示する政策もありえなくはないと受けとめるようになった。こうして、一九三三年一二月半ばに最終決定がなされた。これによって政治局は、外務人民委員部が作成した対外政策のプログラムを承認し、国際連盟への加盟、地域的相互援助条約とフランスとの相互援助条約の締結を基本的に了承したのである。この後、リトヴィノフは「平和は分割できない」というスローガンを掲げてヨーロッパ諸国を回り、集団安保体制の構築を説いて回った。そこには革命国家としてのソ連の姿はまったく消えていた。ソ連は現状破壊勢力から現状維持勢力へと立場を大きく改めたのである。スターリンは新しい路線に深くコミットしなかったが、反対もせず、しばらくは好意的に見守る姿勢をとった。

ソ連の対外政策の変化は、コミンテルンの路線にも影響を与えた。一九二八年のコミンテルン第六回大会から、スターリンは各国の共産党に対して資本主義体制の打倒を目指す「階級対階級」という強硬路線を採用するよう指示していた。たとえばドイツでは、共産党員は社会民主党を主要な敵として攻撃したのである。しかし、一九三三年頃までに、彼はこのような路線が各国における共産主義運動の支持基盤を弱めている事実を認識するようになった。そこで彼は、ドイツにおける裁判で国際的名声を獲得していたブルガリアの共産主義者ディミトロフ（一八八二〜一九四九。一九三三年、ベルリンの国会放火事件で逮捕されたが、裁判でファシズム批判を陳述し国際世論の支持を受けて三四年に釈放）に着目し、彼をコミンテルンの指導者として迎え、政策の転換を図ることを決めた。この結果、一九三五年に開かれたコミンテルン第七回大会では人民戦線戦術が採択された。それは第六回大会で採用した路線と一八〇度異なり、平和擁護の旗の下に社会主義者などの左翼勢力のみならず、自由主義者をも組み入れた統一戦線を形成することを目指すものだった。

同様に、対外政策の転換はスターリンと軍部との関係にも影響を及ぼした。この時期、自らの地位の動揺を意識するスターリンは、軍部、とりわけトゥハチェフスキーとの関係を改善する必要があると考えたのである。スターリンの執務室の記録によれば、彼は一九三三年九月九日から一一月二六日までに七回もトゥハチェフスキーを接見したのである。

スターリンの対応の変化が、トゥハチェフスキーの自信を強めたことは間違いなかった。彼は一九三四年七月に覚書を作成し、そこで敵軍の動員時期に襲撃し、敵軍の集中を妨害する能力を持つ「先導軍」を創設すべきだと提案した。また、翌年一月の第七回全連邦ソヴィエト大会では報告に立ち、軍は前年の末までに六〇万人弱から九四万人にまで増大したと述べた。彼が極秘の情報に触れる立場にあることを誇示したのである。さらに一九三五年三月には、『プラウダ』紙にドイツの軍事計画に関する大きな論文を掲載した。これは発表以前にスターリンの検閲を受けたもので、ドイツの軍備は地上軍だけですでに第一次大戦前の状態にあると指摘するものだった。要するにこの時期にトゥハチェフスキーは、ソ連軍部を代表する地位を獲得し、縦横に自己の考えを主張するようになったのである。彼にこのような振る舞いを許したのは、他でもなくスターリンだった。

以上のような動きは、国内政策ばかりか対外政策においても、スターリン指導部が従来の政策を大きく転換しつつあったことを示している。しかし、こうした政策の転換は、先にも触れた通り、不安定な印象を与えた。スターリン指導部がどこまで本腰を入れた転換であるのか、どうにもつかみ難いと受けとめられたのである。

指導部の粛清

こうした微妙な雰囲気が、再度、転換する契機となったのは、一九三四年一二月一日にレニングラードで起きたキーロフ政治局員（レニングラード党委員会第一書記）の暗殺事件であった。ニコラーエフという党内不満分子がいとも簡単に市内の党本部の建物に入り込み、当時スターリンに次ぐ指導者と目されていた大物政治家を殺害したのである。言うまでもなく、多くの人々はこの事件に衝撃を受けた。しかし事件後しばらくは、それが始まったばかりの政策転換を再度巻き戻す過程にまで発展するとは誰にも理解されなかった。事件後の対応が蓄積されていって初めて、多くの人はこの事件こそ一九三〇年代の重要な転機であったと回顧したのである。

しかし、ここでスターリンがキーロフを暗殺したと断定することはできない。スターリンは事件の翌日朝にはレニングラード本部に乗り込み、ニコラーエフ本人を尋問し、速やかに処刑するよう命じた。この手際のよさと、それに続く多数の指導者の粛清から、ソ連では早

エジョフ（右）とベリヤ
（1930年代）

くからスターリンこそこの事件の首謀者であるとうわさされた。しかし、今に至るまで、この点を立証する証拠は何も出ていない。すべてが状況証拠なのである。このために、現在ではむしろ、同事件を専門に研究する人々の間では、ニコラーエフの単独犯行説が有力になりつつあるかに見える。

ともあれ、スターリンが自ら組織してキーロフを殺害させたにしろ、あるいは、キーロフの暗殺を知って、明日は自分が狙われる身だと考えたにしろ、彼がこの暗殺事件を、党内外の潜在的敵対者を一掃する最良の機会と見たことは間違いないであろう。

事件から二ヵ月後の一九三五年二月には、エジョフ（一八九五〜一九四〇）がスターリンの後押しで党統制委員会議長と党中央委書記に昇進した。エジョフは一九二九年から農業人民委員部副議長として農業集団化に関わり、翌年に抜擢されて共産党内で人事問題を担当するようになった。言い換えれば、彼は集団化をめぐって動揺している党員を点検するのに最も役に立つ人物だった。スターリンは、集団化が引き起こした地獄絵のような事態に対する責任から逃れるために、エジョフを利用して、今後、自分を追及する動きに出る可能性がある者を排除し、批判する可能性がある者を沈黙させる必要があると考えたものと思われる。

実際にこうした動きの始点となったのが、一九三六年のジノヴィエフとカーメネフに対する裁判であった。同年夏に二人を裁くための裁判が組織され、彼らは国外にあったトロツキーと手を組み、キーロフを暗殺したばかりか、スターリンの殺害を図ったとして死刑を宣告された。二人と彼らのグループに属した人々は、判決後ただちに処刑された。

これはまだ手始めに過ぎなかった。スターリンは、同年九月にモロトフたち政治局員に電報を打ち、エジョフに党統制委員会議長と内務人民委員を兼任させること、さらにルイコフをはじめとする人民委員の何人かを解任することを提案した。明らかに次の裁判を行うためである。準備の結果、一九三七年に「反ソ・トロツキストセンター併行本部事件」裁判、翌年に「右翼トロツキスト・ブロック事件」裁判が組織された。そしてここでも、被告たちに死刑が宣告された。こうして一九三六年から続く三つのモスクワ裁判によって、かつて党内反対派に属した者のうち、主要な指導者のほぼすべてが処刑された（唯一残ったのがトロツキーであったが、彼も一九四〇年にスターリンの送った刺客によってメキシコで殺害された）。

さらに一九三七年五月にはトゥハチェフスキーが逮捕され、翌月処刑された。このとき、ヤキール（前ウクライナ軍管区司令官）、ウボレーヴィッチ（前ベロルシア〔白ロシア〕軍管区司令官）など赤軍の首脳七人も一緒に銃殺された。この時期の軍部の粛清は、彼ら以外にも広がった。また、粛清は共産党の中央委員クラスの人々にも及んでいった。

こうしたソ連上層部の失脚と粛清のニュースは、世界各国の人々を驚愕《きょうがく》させた。一般には、この時期の処刑を伴う弾圧はソ連指導部内の深刻な対立の表れとして、体制の弱体化を示していると受けとめられた。だがスターリンの立場から見れば、彼らは、スターリンの農業集団化が弁明し難い事態を引き起こしたことをよく知るがゆえに、きわめて危険な存在であった。近い将来に戦争が起きたときに、彼らが自分に忠誠を尽くすとはとても思えなかったのである。

「大粛清」の責任

ところで、この時期の粛清には別の側面もあった。現在では、一九三〇年代後半の大弾圧はこうした政治と軍事の指導層だけではなく、より広い階層の人々にまで及んだことが確認されているのである。このために、一部の研究者は、この時期に進行した大粛清、あるいは大テロルは、スターリンの意図とは別になされたものだったのではなかったかとする議論を提出している。この問題はスターリンに対する歴史的評価に関わる問題なので、ここでこの時期に粛清された人々について若干補足しておこう。

まず、経済部門の管理者たちが、この時期の弾圧の犠牲者になった。先に名前を挙げたロシアの歴史家フレヴニュークは、二〇〇六年に発表した論文で彼らの粛清の問題を検討し、一九三六年からの三年間で「ノーメンクラトゥーラのリストに載る経済分野の指導者の五〇パーセント」が粛清されたと論じている（「粛清」は必ずしも処刑と同義ではなく、逮捕や収容所送りも含む意味の広い言葉である）。フレヴニュークはここで、彼らの粛清の理由はいろいろ考えられるとしつつ、頻発していた重大事故の責任が不当に彼らに転嫁されたのではないかとする解釈を示唆している。すなわち、以前からソ連では大事故や工場の火災などが起きると、政権に敵対する勢力が意図的に起こしたものだと説明されてきたが、この時期には経済の現場で事故や管理の不備などが起きると、それは経済管理者が意図的に起こした破壊行為だとされ、彼らの逮捕につながったというのである。

次に女性の犠牲者が挙げられる。このうち、よく知られているのは党上層部の妻たちが逮捕されたケースである。実際、このような粛清も拡大され、一九三七年八月には「祖国の敵と宣告された者の妻」を逮捕するよう命令が出された。しかし、近年の研究はこの時期には、必ずしもこのようなカテゴリーに収まらない女性たちが粛清されたことを示している。それによれば、この時期に逮捕された女性の総数は不明だが、処刑された女性は数万人に及ぶと考えられており、そのうちのかなりの者は、たとえば聖職者のように、何らかの意味でソ連の生活様式に合わせることが困難な人々であった。スターリンが、彼女たちを自分の潜在的敵とみなして粛清したとは考え難かった。

第三に東清鉄道の従業員だった者や、中国東北部に亡命して、同地域に満洲国が成立した後に、あるいはソ連が日本に同鉄道を売却した後に、やむなくソ連に帰国した人々が挙げられる。一般に彼らは「ハルビンの人々」と呼ばれたが、これはハルビンがこうした人々が最も多く集まっていた都市だからである。その数はおよそ二万五〇〇〇人とされる。こうした人々はスターリンの潜在的敵と呼ぶほどではないが、諸外国の手先かもしれないと疑われやすい立場にあった。その意味で、仕事で外国に居住したことがある者や外国に親類縁者を持つ者、さらにはドイツ系や朝鮮系のソ連人のように、敵国の諜報員《ちょうほういん》と連絡を取り合っているのではないかと疑われて弾圧された人々と同類であった。ポーランド人やラトヴィア人など、多くの少数民族が同じ理由からこの時期に逮捕されたのである（その他の少数民族も逮捕されたが、彼らは明らかに全体の人口比よりも多く弾圧された）。

さらに、地方レベルでの粛清もこの時期に起こった。たとえばシベリアでの大粛清についての研究によれば、一九三七年の内務人民委員部の内部報告には、西シベリア地域（現在のケメロヴォ州、トムスク州、ノヴォシビルスク州とアルタイ地方）だけで三万五〇〇〇人もの人々が粛清されたと記されているという。彼らの多くは、「右翼トロツキスト組織」や「教会・君主主義者の蜂起組織」といった反革命組織へ参加していたとして、処罰された。このような地方レベルの粛清では、スターリン指導部が直接に関与したものもあれば、地方レベルの権力者たちの対立や抗争の結果として起こったものもあったと考えられる。

以上のように、大粛清の犠牲者はスターリンの潜在的敵とはみなし難い人々も多数含んでいた。この結果、一九三六年から一九三八年までの間に政治的理由で逮捕された者は一三四万人余に達し、そのうちの六八万人余りが処刑された（エジョフは一九三八年一一月に内務人民委員を解任された）。以上のような状況からすれば、大粛清のすべてを単一の原因で説明することが不可能なことは明らかである。

しかし、こうした議論を推し進めることによって、大粛清の責任はスターリンにはなかったとする結論まで引き出すのはバランスを失しているように思われる。農業集団化の悲惨な結果が出発点にあり、その責任を糊塗《こと》する過程で多数の指導層を正当な理由もなく逮捕し、処刑したことがこの過程の本筋だとする素朴な解釈は、今でも十分に説得的だと思われるからである。スターリンのこうした強引な行動が、取締りにあたった治安機関（内務人民委員部など）の活動を野放しにし、さらには国民の中にあった不安感を極度に高め、「大粛清」と呼ばれる事態を引き起こしたと考えられるのである。

軍事力強化を支えに

ところでスターリンは、こうした事態を準備しつつあったと考えられる一九三五年頃に、第一次大戦中にレーニンが書いた『国家と革命』という論文を読んでいた。当時、新装版として出版が準備されていた同書を取り寄せ、余白に書き込みをいれてその内容を吟味していたのである。彼がこの論文を読むのは初めてではなかったと考えられる。レーニンの『国家と革命』は彼の著作の中でも特に有名で、多くの党員によって読まれていたからである。それでもスターリンは一九三〇年代の半ばに、社会主義革命の後には支配階級と被支配階級（一般の民衆）の区別がなくなるので、支配階級が被支配階級を抑圧するための手段である国家は消滅すると書く、この論文に向かった。そして一九三六年末にソ連に社会主義が実現されたとする立場に立つ新憲法（スターリン憲法）を制定した。

彼はその後、一九三八年九月に新しい共産党史の教科書（一般に『党史小教程』と呼ばれた）を発表したときに、自分の「研究」の成果を党内の宣伝担当の指導員たちに示した。そこでの彼の議論は次のようなものだった。

「もし軍が存在するなら、国家も存在し、敵を粉砕し、軍の力を借りて反撃する国家機構、権力機構も存在するのである。また、もし軍があるならば、諜報機関も対諜報機関もあり、国内の保安機関の強化があるということだ。なぜなら、我々の敵は眠ることなく、わが国の中で何かできるか、何を爆破できるか、どのような破壊活動ができるかを知るために、ひっきりなしにわが国に新たな人員を送り込んでいるからである。党の中にも、そうした人員がいる。いる、いる。（中略）資本主義の包囲がある限り、そうした人員は存在し、将来も存在し続けるだろう。まさにこれが国家権力の機構の根幹なのである」

ここにあるのは、ソ連という国家と資本主義諸国の戦いは、破壊活動を通じて、あたかも国境がないかのごとき状況のなかで進められているという認識である。明らかに彼は、レーニンがかつて説いていたような楽観的展望（国家の消滅）と正反対の結論に至っていた。一九三八年九月という時点は、彼がすでに農業集団化によって多数の農民を死に至らしめ、さらに進行する大粛清によって指導層を次々に処刑していた時期である。彼の発言は、こうした状況と照らし合わせるならば、自分のこれまでの政策を正当化したいとする気持ちを反映していたと見られる。

どのように正当化できたであろうか。スターリンがこの時点で自分の正しさを主張するとすれば、それは急進的工業化政策によって強大な軍事国家を建設したこと以外にありえなかった。大粛清によって多数の経済専門家を排除してもなお、「計画経済」は国内各地に重工業の拠点を生み出していた。戦争を予想して、西側の国境近くばかりか、ウラルなどソ連の中央から東部地域にも拠点が建設されていた。当然、航空機、戦車等々の兵器、そして弾薬の生産工場が、急速に拡充されていた。この結果、軍需産業の総生産高は、一九三七年には七七億五九二〇万ルーブルであったが、翌一九三八年には一〇六億七一四〇万ルーブル、さらに一九三九年には一五九億三〇万ルーブルへと増大した。そのうち航空機生産の増強は特に目覚ましく、一九三九年には一九三七年の二倍以上の生産高となった。

スターリンは間違いなく、彼のこれまでの政策によってとてつもない数の犠牲者を出してしまったことを理解していた。しかしそれでも、これだけの成果を挙げていれば、近い将来に起こる戦争が、必ずや自分のこれまでの政策を正当化すると自分に言い聞かせていたものと思われる。戦争の脅威はすぐそこに迫っていたのである。

第7章　ヒトラーとの戦い

内憂外患

一九四一年六月二二日に、五〇〇万人を超えるドイツ同盟軍がソ連に襲いかかった。ソ連にとっての第二次大戦の始まりである。しばしばこの戦争はスターリンにとって試練のときだったと言われるが、むしろそれは審判のときだった。彼がこれまで強力に進めてきた政策が国民によって評価される機会だったからである。

スターリンとヒトラー（一八八九～一九四五）の戦いは、開戦前の外交戦から始まっていた。ここでのスターリンの戦いは、敵国ばかりの中で最も危険な敵と戦うことを意味した。社会主義国ソ連の指導者としては、ドイツのみを敵と考えて行動するわけにはいかなかったのである。だからこそ、前章で述べた通り、一九三三年末に政治局が集団安保政策を承認したときも、彼はこの政策を推進したリトヴィノフほどには、イギリスやフランスとの協力に期待をかけなかった。ここでスターリンが何よりも願ったのは資本主義国同士の争いだった。最終的にドイツを孤立させ、破ることができれば、最良の結末であった。

差し迫る戦争を意識するスターリンは、国内にも注意を向けねばならなかった。何よりも、彼を批判し、対抗勢力となるかもしれない人々の一掃はなかなか終結しなかった。それにもかかわらず、一九三七年二月一八日には彼が長く頼みにしてきたオルジョニキッゼが急死するという事件が起きた。おそらくは、兄弟や配下の経済専門家に対する弾圧に神経をすり減らした挙句の自殺だった。スターリンは、オルジョニキッゼが担当してきた重工業部門の管理を側近のうちの誰に任せるか、考えねばならなかった。粛清が彼の計算を超え、指導層が次々に逮捕される状況では、それは容易ではなかった。

スターリンの母親ケケが亡くなったのは、オルジョニキッゼの急逝から三ヵ月後の五月のことだった。彼女は一九三六年までチフリスと呼ばれていたトビリシに住んでいたので、葬儀はそこで営まれた。先に触れたように、スターリンはそこに参列することがなかった。彼は代わりにヴォロシーロフ国防相を名代として送り、立派な式を執り行わせた。この年の三月には、老母の身体を気遣う手紙も送っていた。したがって、この対応に母子の特殊な関係を詮索《せんさく》する必要はなかった。この時点でスターリンは、私事よりも統治を優先すべきだと考えたのである。

翌一九三八年四月に、ようやく彼は新たな動きに着手した。このとき彼は、粛清を取り仕切ってきたエジョフ内務人民委員に水運人民委員も兼務させることにした。スターリンは、これによってエジョフの内務人民委員職からの解任が迫っていることを示唆したのである。この微妙な変更は、たちまち党上層部に波紋を広げた。内務人民委員部極東地方本部長リュシコフ（一九〇〇～四五）も風向きの変化を察知した一人だった。彼は五月にモスクワ召喚の命令が伝えられると、翌月には越境して満洲国に逃亡した。エジョフに万一のことが起これば、部下である自分にも追及が及ぶと判断したのである。この後リュシコフは、一九四五年に非業の死を遂げるまで日本の対ソ情報戦に関与した。

一九三八年の五月から六月にかけて、ソ連指導部は実際の戦争準備に向けた決定を採択した。まず人民委員会議付属国防委員会の下に動員委員会が設置された。しかし、それでは不十分と判断された模様で、動員委員会はすぐに軍産委員会へと改組された。同委員会は国防委員会の直属機関として、陸海軍、経済管理部門、そして保安機関の指導的幹部たちを一堂に集め、戦時における動員と経済準備を指導する任務に就いた。もはや第一次大戦のときのロシアのような、不細工な経済管理はありえなかった。しかし、縦割りの組織の壁は厚く、この機関もなかなか円滑には動かなかった。

七月から八月にかけて極東で起こった日ソ両軍の軍事衝突も、戦時体制への進行を促した。日本との小規模の国境紛争はここ数年続いており、今回のそれはその中では比較的大きなものだった。スターリンにとって、すでに国際的に孤立している日本との限定的な戦いは回避すべきものではなかった。双方の実力を試す機会になるからである。しかしこの張鼓峰《ちょうこほう》(ハサン湖)の戦いで、ソ連軍は予想以上に苦戦した。ソ連崩壊後に明らかになったロシア側史料によれば、この戦いでの日本側の死者が六五〇名、負傷者二五〇〇名であったのに対して、ソ連側のそれはそれぞれ九六〇名と二七五二名であった。

スターリンは不首尾の責任を、指揮にあたった極東軍司令官ブリュッヘル(一八八九〜一九三八)に帰した。このソ連領極東方面を支配する剛毅《ごうき》な軍人が、トゥハチェフスキーの逮捕と処刑に批判的な態度を示していたことも、スターリンの決断に影響したと見られる。ブリュッヘルは張鼓峰事件が終わるとすぐに逮捕され、まもなく獄死した。

ミュンヒェン会談

そうした状況にあった九月に、スターリンが最も恐れていた事態が起こった。ミュンヒェンにイギリスのチェンバレン（一八六九〜一九四〇）、フランスのダラディエ（一八八四〜一九七〇）、イタリアのムッソリーニ（一八八三〜一九四五）、そしてヒトラーが集まり、チェコスロヴァキアのズデーテン地方をドイツに与える合意を生み出したのである。英仏の指導者は、これはヨーロッパの戦争を回避するためのやむをえない策だと説明した。

言うまでもなくスターリンは、それが単なる平和維持のための策ではなく、資本主義国が結束し、ドイツをソ連に向かせる策だと理解した。翌年三月に開かれた第一八回ソ連共産党大会で、彼はこのような理解を出席者に伝えた。彼によれば、イギリスやフランスがドイツばかりか日本の軍事的膨張を許しているのは、やがて両国がソ連と戦うと考えてのことだった。彼は、軍事行動を始めている日独両国も、「平和愛好」を唱えるイギリスやフランスも、本質において何も変わりはないとみなしていたのである。

ミュンヒェン会談の時点で、スターリンはリトヴィノフが唱えてきた集団安保政策はもはや用をなさないと判断したようである。先の党大会の演説で、スターリンは明確にドイツに対する友好的姿勢を示した。彼の考えでは、もしイギリスやフランスがドイツを東に向けようとするのであれば、ソ連がドイツと提携に向かうのは当然であった。この点では、自分が国際共産主義運動の指導者で、ヒトラーが反共の闘士であることは何の意味も持たなかった。要するに、共産主義運動の中心であるソ連の利益がすべてに優先したのである。

フィンランドとバルト諸国への圧力

このとき以降、スターリンは国防上脆弱《ぜいじゃく》だと見られていた国境線の修正に着手した。もしもドイツが西側諸国と結ぶ方針をとり、そこにフィンランドおよびバルト諸国が加われば、隣接するレニングラードが防衛困難になると考えたのである。

すでにフィンランド政府に対しては、ソ連指導部は一九三八年の春から、内務人民委員部の秘密工作員で、当時フィンランド駐在ソ連外交官V・ヤルツェフとして通っていたB・ルイフキン（生没年不詳）が、非公式の接触を図っていた。ソ連指導部は、外務人民委員部を介在させず、直接に関係の改善を働きかけていたのである。フィンランドに対する行動は、ミュンヒェン会談以降、一段と強硬なものになった。もはやソ連側の要求は、両国の外交的協調にとどまらなかった。フィン湾に浮かぶ同国のいくつかの島をソ連に割譲するか、長期的に貸与するよう求め出したのである。

フィンランド政府は一九三九年三月初頭に、四つの島の貸与を求めるソ連側の公式提案に拒否の回答を示した。するとソ連政府は、これらの島と自国領の交換を提案した。何としても同湾に浮かぶ島をソ連の管理下に置きたかったのである。これにフィンランド政府が回答の引き延ばしを図ると、四月には政治局は同国との漁業協定などを破棄することを決めた。

しかし、これもフィンランド政府を動かすことはなかった。

ソ連指導部は同様の行動をバルト諸国に対してもとった。三月末、スターリン指導部の命を受けて、リトヴィノフはエストニアとラトヴィアの政府に対して、ソ連政府は両国がそれぞれの国内で第三国の影響力を増大させるような協定を結ぶことは、断じて許すつもりはないと警告した。そこには、現下の国際情勢では両国のような小国の主権は限定されて当然だとする主張が込められていた。

スターリンにとって幸運なことに、ドイツの膨張の動きを見たイギリス政府は、三月以降、ソ連に接近する姿勢を見せた。こうして、ミュンヒェンで開かれたイギリス、フランスとドイツの結託という道筋の他に、ソ連とドイツの和解、ソ連とイギリスの和解という二つの道筋が浮かび上がった。三つ巴《みつどもえ》の交渉によって、国際情勢は極度に流動的になった。

そこでスターリンは、五月初頭にリトヴィノフ外相を解任し、モロトフを後任に据えた。同時に、外務人民委員部の上層部が多数逮捕された。これによって外務人民委員部では、リトヴィノフの息のかかった人物はイギリス駐在全権代表（大使）として活躍するマイスキー（一八八四〜一九七五）くらいしかいなくなった。長くイギリスに暮らしたリトヴィノフと異なり、モロトフは国際政治について特別の知識を持たなかった。おそらくスターリンとしては、この人事によってイギリスとフランスの両政府に対して、ソ連指導部の中でドイツに対抗して両国と提携を模索する意見が弱まっている事実を伝えたかったのである。しかし彼の見込みに反して、両国は対ソ接近を急ごうとはしなかった。

独ソ不可侵条約

ちょうどこの時期に極東で生じた武力紛争が、ソ連の対応を一段と複雑にした。当時、ソ連の衛星国となっていたモンゴル人民共和国と日本が樹立した満洲国の間の国境は曖昧で、不明瞭な点を残していた。しかも双方は、極度に不信感を募らせていた（現在でもロシアの歴史学の主流派は、日本がソ連攻撃の機会をうかがっていたために武力衝突が生じたと主張している）。こうして五月初頭に、ノモンハン（ハルハ河付近）で生じた軍事的小競り合いは、その後、拡大の一途をたどった。

同月の終わりまでに、日本軍の戦死者は一五〇名を超えた。ソ連軍も同様の状態にあったが、モロトフは、ソ連はモンゴル人民共和国との友好条約に基づいて同国の国境を守ると言明した。ここで弱みを見せれば、その影響がヨーロッパ方面に及ぶことは必至だった。他方、関東軍も、一歩も引かない姿勢をとった。このため、八月二〇日にソ連軍の大規模な機械化部隊が日本の第二三師団を壊滅状態に追い込むまで、双方は死闘を繰り広げた。結局、九月一五日に休戦協定が締結されるまでに、ソ連側は死者九七〇〇人余、負傷・疾病者一万五九〇〇人余を出した。これは日本の人的損失よりも多かったが、最後に戦場を支配したのはソ連軍だった。

スターリンの成功はそれだけではなかった。ノモンハンの結末が見えてきた八月二三日に、ソ連はドイツとの間に不可侵条約を締結したのである。このときの交渉については、未だに二つの解釈が並び立っている。一方の説は、スターリンははるか前にドイツとの和解を決めており、イギリス、フランス両政府との交渉は見せかけに過ぎなかったとするものである。これに対して他方の説は、スターリンは受け身の態度に徹しており、最後まで英仏提携路線とドイツ提携路線の間で迷っていたとする。

後者の説を支持する歴史家の中には、八月一九日の朝になってもスターリンの肚《はら》は定まっていなかったと主張する者がいる。この日の朝一〇時に、モスクワ駐在のドイツ大使シューレンブルクがモロトフに、独ソ条約の交渉のためドイツ外相リッベントロープが訪ソするのを認めるよう迫ると、ソ連外相はこれに拒否の回答を示した、しかしその三時間後には、一転してドイツ外相のソ連訪問を承認したというのである。この議論は、もしかすると、先に述べたノモンハンの軍事的帰結を読み切ってから、スターリンが対独提携に踏み切ったことを意味するのかもしれない。

ともあれ、こうして締結された独ソ不可侵条約はソ連の内外に強烈な反響を引き起こした。

出し抜かれたイギリスとフランスの指導者は強い衝撃を受けた。日本の指導者たちも、日独防共協定（一九三六年締結）に基づいてドイツは反ソ反共の外交を進めていると考えていたので、ひどく狼狽《ろうばい》した。このとき、平沼騏一郎《ひらぬまきいちろう》内閣が「欧州情勢は複雑怪奇なり」と声明を発して総辞職したのは、よく知られた事実である。しかし、衝撃を受けたのは彼らだけではなかった。ソ連国内の共産党宣伝員やコミンテルンの活動家たちも、彼ら同様に事態の急転に言葉を失った。大衆の前に立つ共産党員たちは、昨日まで多くの人々にドイツこそ世界で最も侵略的な国家だと説明していたのに、今や、独ソ不可侵条約はソ連がとる最も適切な措置だと説かねばならなくなったのである。

スターリンは、そうした混乱を問題にしなかった。九月一日にドイツ軍がポーランドに侵攻し、三日にイギリスとフランスが対独戦に入ると、ここに第二次世界大戦の火ぶたが切られた。この結果、ソ連が中立の立場を得たことを彼は大いに喜んだ。ソ連の各紙は指導者の姿勢の変化を受けて、ファシズム批判の言葉が紙面に表れないよう配慮するようになった。それどころか、モロトフは独ソ友好・国境条約が締結された後の一〇月には、「ヒトラー主義の破滅を目指す」戦争をすることは、「無意味なばかりか、犯罪的だ」とまで言明した。彼はソ連の立場が一八〇度変わったことを強調したのである。

国境線の変更とその代償

しかしスターリンは、独ソの友好関係を誇示する仕事をモロトフに任せ、戦略的問題に集中した。この時点でのそれは、何よりも国境線の変更にあった。まず対象になったのは、ドイツ軍の攻撃を受けていたポーランドであった。この時期にスターリンは、ポーランドはウクライナ人などの少数民族を抑圧する国家だと断言し、一七日にソ連軍に攻撃を命じた。こうして、独ソ不可侵条約でドイツが占領しないことになっていた西ウクライナと西ベラルーシは、ソ連軍によって「解放」され、やがてソ連に加えられた。それればかりではなかった。九月から一〇月にかけて、ソ連はエストニア、ラトヴィア、リトアニアの三国との間に軍事基地を置く協定を締結した。国境に集結した軍の圧力が物を言ったと見ることができよう。

ソ連指導部はフィンランドに対しても同様の協定を結ぶよう迫った。これにフィンランド政府が抵抗すると、一一月一三日に外交交渉を打ち切り、二六日に宣戦を布告した。フィンランド側からソ連軍に向けて、砲撃があったというのである。このときも、そしてこの後も、フィンランド側がこの事実を否定し続けたのは言うまでもない。この方面に二四万の兵力と一〇〇〇輛《りょう》の戦車などを配備するソ連側が、一四万の兵力と六〇輛の戦車しか持たないフィンランドを簡単に踏みつぶせると考え、工作したと考えるのが、最も自然な解釈であろう。

このときスターリンは、コミンテルンで活躍していたフィンランド人のクーシネン（一八八一～一九六四）を首班とするフィンランド民主共和国を設立し、軍事援助の要請を出させていた。疑いもなく、戦争を正当化するばかりか、勝利した後の後継政権にしようと目論《もくろ》んでいたのである。

しかし、必死に自国を守ろうとするフィンランド軍は、深い雪とカレリア地峡の地の利を活かして幾度もソ連軍を撃退した。この結果、一九四〇年三月一二日に講和条約が締結されるまでに、ソ連軍は一二万から一三万人の死者と二六万四〇〇〇人以上の負傷者を出した（当時、モロトフは演説で四万八〇〇〇人の死者と一五万八〇〇〇人の負傷者を出したと発表した）。フィンランド軍のそれは各々二万三〇〇〇人と四万三〇〇〇人だった。

この戦争でともかくも勝利したソ連は、カレリア地峡全域とハンコ岬、ラドガ湖北部などをフィンランド側に割譲させた。これでレニングラードは見かけ上は安全になった。しかし、この成果が軍事的には無益であったことは、一九四一年に独ソ戦が始まるとすぐに明白になる。これだけの成果を得るためにソ連側が支払ったのは人的損失と軍事面での評判だけではなかった。ソ連は一九三九年一二月一四日に国際連盟から追放されたのである。

それでもスターリンは一九四〇年四月半ばに開かれた会議で、フィンランドとの戦争はレニングラードの安全を確保するために不可避であったと強弁した。あまりに多くの兵士を失ったので、言い訳をせざるをえなかったのである。おそらく軍部の誰一人として、彼の発言をそのまま受けとらなかっただろう。やがて「冬戦争」として知られるようになるこの戦争は、スターリンが生きている間は「忘れられた戦争」になった。

このような失敗を犯しても、スターリンの決意は変わらなかった。彼は六月から八月にかけて、エストニア、ラトヴィア、リトアニアの三国をソ連に「自発的に」加盟させた。ソ連軍の威圧と、それぞれの国の少数の共産主義者の示威行動がこの動きの背後にあった。ほぼ同時に、ソ連は長くルーマニアと係争していたベッサラビアと北ブコヴィナも併合した。これらは第二次大戦後のソ連の膨張を予告するものだった。

ドイツ軍開戦の衝撃

スターリンが対独外交で収めた最後の成功は、一九四一年四月の日本との中立条約の締結であった。この点では、ドイツ、日本、ソ連の大陸同盟について、スターリンが期待をかけることは何もなかったと思われる。彼はただ、ドイツと日本という強敵が東西で同時にソ連と戦争に入る事態を避けたいと考えたのである。このために、日本の外相松岡洋右《まつおかようすけ》（一八八〇～一九四六）がモスクワを訪れたときに、彼は最大限の歓待をもって遇した。

他方、ヒトラーもスターリンに劣らずシニカルであった。彼はイギリスとの戦いを続けつつ、東部方面での対ソ戦の準備を進めた。ドイツの大軍が東部方面に集結するようになると、当然スターリンのもとにはその攻撃が迫っているという情報が届くようになった。にもかかわらず、彼はこうした警告を無視し、逆に前線司令官に挑発に乗って対独攻撃に出ることのないよう命令した。彼はイギリスがドイツとソ連を戦争させるために画策している事実と、ドイツとイギリスが死闘を繰り広げている状況を重視していた。今の状態でソ連が抑制さえすれば、ヒトラーとの戦争を先延ばしできると考えたのである。この状況では、側近たちはただ指導者を信じて事態を見守る以外になかった。ノモンハンの戦い以来、昇進してスターリンの身近にあったジューコフ（一八九六〜一九七四）も、戦争が始まる前には、スターリンは軍事にも通じた特別な人間だと考えていたと回想録に記している（この部分は、一九七〇年代に出た版では検閲によって削除されていた）。

こうして前線のソ連軍は、六月二二日に突然にドイツ軍の攻撃を受けた。同日朝、スターリンはドイツ軍が前線の至る所でソ連軍を攻撃していると知らされると、側近たちの言葉を信じようとせず、もう一度ドイツ大使館に確認するよう命じた。この後、開戦が事実だと確認されると、彼はショックを受け、しばらく陣頭指揮をとろうとしなかった。そうではなかったと主張するロシアの歴史家もいるが、この日、国民にラジオを通じて開戦の事実を伝えたのはスターリンではなく、人民委員会議副議長兼外相のモロトフであった。スターリンは五月にモロトフに代わって人民委員会議議長の職に就き、それまでのソ連共産党書記長の地位と併せて、国家と党の最高職務を兼務する立場にあったにもかかわらず、肝心なときに国民に訴える任務を回避したのである。この事実こそ、このときのスターリンの姿を示している。指導部の動揺が続く中で、前線は総崩れの状態に陥った。

スターリンが立ち直り始めたのは六月三〇日のことで、それも側近たちが、彼を長とする国家防衛委員会の設置を提案したことによるものだった。このときの様子はミコヤンが回想録に記している。それによれば、側近たちが近くの別荘にいたスターリンにこの提案をもって行くと、彼は訝《いぶか》しげな面持ちで「何のために来たのか」と尋ね、見るからに不安を鎮めようとしていた。ミコヤンの描写に従えば、スターリンはこのとき、一瞬、わが身の危険を意識したのである。しかし、この状況の中でスターリンを排除すれば、ソ連という国家そのものが持たないことを側近たちはよく知っていた。彼らは、独裁者に指導者として振る舞ってほしいと要請することしか考えなかったのである。

ヒトラーの電撃戦に耐え抜く

一度、状況が明白になると、スターリンの立ち直りは早かった。彼は自分の判断の誤りが、異様な規模の犠牲を出した事実をけっして認めなかった。彼によれば、悪いのは戦わずして敵軍に敗れた前線の軍人たちだった。こうして、西部方面軍の司令官パヴロフ将軍やクリモフスキフ参謀長などがモスクワに召喚され、処刑された。その後八月八日にスターリンが最高総司令官の地位に就いた。その八日後に彼が発出したのが命令第二七〇号である。これは前線の司令官などで戦闘中に記章を破って後方に逃げたり、敵に投降したりした者を悪意の脱走者とみなし、その家族を逮捕すると宣告するものだった。

だがこのような厳しい措置を示しても、前線はなかなか立ち直らなかった。八月のうちにバルト地域、ベラルーシ、ウクライナのほぼ全域がドイツ同盟軍の手に落ちた。九月初旬には、レニングラードにつながる陸地がすべて占領された。この恐るべき事態に直面したスターリンは、レニングラード方面軍総司令官にジューコフを任命した。もはや気心の知れたヴォロシーロフにこの重要な職務を任せてはおけなくなったのである。ジューコフは果断な措置で防衛線を回復すると、すぐにモスクワに戻った。それでも、配備された軍とレニングラード市民は以後二年以上にわたって封鎖戦に耐えねばならなかった。

この時期、モスクワにも危機が迫っていた。戦史に言う「モスクワの攻防戦」は一般には九月三〇日から翌一九四二年四月二〇日までの戦いを言う。ドイツ軍はこの攻勢のために、一〇〇万人以上の兵力と一七〇〇輛の戦車、九五〇機の戦闘機などを集結した。対してソ連軍は、兵力約八〇万人、七八二輛の戦車、五四五機の航空機をもって防戦にあたった。これは後方から集結した予備部隊を含むもので、背水の陣を意味した。

スターリンは一〇月には、南部ヴォルガ河沿いのクイブイシェフに中枢機関を疎開させる決定を下した。このために、日本大使館をはじめとする外国使節や政府機関が同地に移動していき、市内には爆薬が仕掛けられた。この焦土作戦は、すでにスモレンスクなどで試みられており、後から見ても合理的な判断だった。しかし市内各地でパニックが生じた。おそらくはこの状態を見た後、スターリンはモスクワに踏みとどまる決心をした。この判断は、彼にとってもソ連にとっても大きな意味を持った。軍民一体となった必死の防戦で、モスクワは陥落しなかった。ヒトラーの電撃戦はソ連には通用しなかったのである。

一一月六日のロシア革命二四周年を祝う式典で、スターリンは何よりもこの事実を強調した。ヒトラーはイギリスやアメリカが対ソ戦に参加することを期待し、またソ連体制とソ連軍の脆《もろ》さを想定して電撃戦を開始したが、ソ連兵士の国土を守る意識とソ連の国土の奥深さの前に屈したというのである。この演説でもスターリンは、自分の失敗を認めようとしなかった。彼の強靭《きょうじん》な神経はこの土壇場の状況で遺憾なくその真価を発揮した。彼は、ヨーロッパにイギリスなどの第二戦線が存在せず、ソ連側に戦車と飛行機の生産が足りなかったので緒戦に敗北したのだと、まるで第三者のように説明した。

南部での敗北

彼の強気の姿勢は、一二月半ばにイギリスの外相イーデン（一八九七〜一九七七）がモスクワを訪れたときにも示された。イギリス外相との交渉でスターリンは、軍事相互援助条約と戦後問題の解決に関する条約の草案を示すとともに、戦後のヨーロッパの国境に関する秘密協定を結びたいと提案した。イーデンを驚かせたのは、ここでスターリンが求めたソ連国境が一九四一年の開戦前のものだったことである。言い換えれば、彼はフィンランドとの戦争で得た領土も、独ソ不可侵条約締結後に併合したバルト諸国やベッサラビア、北ブコヴィナも、さらにはポーランドへの侵攻で得た西ウクライナと西ベラルーシも、戦争の終結後にソ連領となることを認めるようイーデンに迫ったのである。これにイギリス外相は、首相のチャーチル（一八七四〜一九六五）がヨーロッパの国境変更は認めることができないと公の場で述べていると反論した。それでもスターリンは、イギリスがそういう考えなら、条約は締結しても仕方がないと言った（翌年、モロトフがイギリスを訪問して、英ソ同盟条約が締結された）。

スターリンの強気に鼓舞されて、ソ連軍も反攻を開始した。寒気の強まりもソ連軍に味方した。反撃が効果を発揮するのを知ると、翌年一月に彼は全軍に総攻撃を命じた。これによりソ連側は、敵軍を一五〇キロから四〇〇キロほど西側に押し戻した。しかし、それ以上は進めなかった。この結果、春になると、前線に短期間ながら凪《なぎ》の状態が生まれた。

ヒトラーはソ連の人々の意外な粘りに直面し、攻撃計画を練り直さざるをえなくなった。ドイツの軍司令部は、検討の後、それまでの北方のレニングラード、中央のモスクワ、そして南方のカフカースを同時に攻める戦術を改め、南方に攻撃を集中することにした。ソ連南方に広がる産油地帯を攻略し、ソ連の戦争継続能力を奪おうと考えたのである。

スターリン指導部はこの戦術の変更を見抜けなかった。ロシアの戦史によれば、一九四二年五月までに前線のソ連軍は五一〇万人の兵力、三九〇〇輛の戦車、四万五〇〇〇門の火砲、それに二二〇〇機の戦闘機、一四〇隻の船舶を擁するまでに増強していた。スターリンはこの兵力を頼みにして、一挙にヒトラー軍を粉砕しようとした。しかし、このときの攻勢は強気が過ぎて大失敗に終わった。ソ連軍はその南西方面と南方方面で二七万七〇〇〇人余の死傷者を出したのである。これによって戦場での主導権を奪い返したドイツ同盟軍は、六月末から大挙して南部へ向かった。この結果、スターリングラード（内戦時にスターリンが活躍したツァリーツィンは、今や彼の名前を冠して、このように呼ばれていた）と、その南方のカフカースが危機的状況に陥った。

スターリンは七月二八日に命令第二二七号を出して、前線の破綻《はたん》を防ごうとした。ここには、臆病や気持ちの動揺で前線を逃げ出した中級以上の指揮官からなる「被懲罰大隊」を組織し、「母国への犯罪をその血で贖《あがな》わせるために」、前線の困難な場所に配置すべきとする一文が含まれていた。さらに、士気の定まらぬ師団の後方には、「パニックに陥った者や臆病者」が無秩序に退却してきたときに、彼らをその場で射殺するための特別阻止部隊を置くよう命じていた。後者は、明らかに第4章で言及したレーニンのアイディアを踏襲《とうしゅう》したものだった。スターリン指導部は、このような恐ろしい命令を出さねばならないと考えるほど危機感に駆られていたのである。

息子ヤコフの死とスターリングラードでの勝利

同じ頃に、スターリンは別の問題も抱えていた。彼が最初の妻との間にもうけたヤコフ・ジュガシヴィリ中尉が、一九四一年七月からドイツ軍の捕虜になっていたのである。ヤコフはおそらくはスターリンとの不仲のために、スターリン姓ではなく、ジュガシヴィリ姓で通していた。ドイツとの戦争が始まったときに二人は連絡を取り合っているので、それまでに和解していたことは確かであるが、それでも三三歳のヤコフは砲兵中隊長として前線に向かった。しかし不運なことに、そこで彼は多くのソ連兵とともに捕虜になった。

ドイツ側は、ヤコフがスターリンの子供であることを突き止めると、すぐに対ソ宣伝に利用するようになった。たとえば、彼の写真を印刷したビラを作り、ソ連兵に投降を呼びかけたのである。間違いなく、こうした情報はすぐにスターリンに伝えられた。だが彼は自分の息子を特別扱いするような政治家ではなかった。ヤコフの妻は投降した指揮官の身内として逮捕されたし、二男ワシーリーも一九四一年八月に前線に送られた。ジューコフの回想録には、彼がスターリンに捕虜となったヤコフのことを尋ねたときの反応が記されてある。彼の質問にしばらく黙した後に、スターリンは「ヤコフはどんな死でも母国への裏切りよりも望んでいる」と答えた。ジューコフには、彼が苦しんでいると感じられた。

実際、スターリンは息子のためにドイツ側と取引に入るようなことはなかった。結局、ヤコフは一九四三年四月に捕虜収容所で死亡した。逃亡を図って射殺されたとも、自ら収容所を取り囲む高電圧線をつかんで死んだとも言われる。スターリンはここでも、肉親と不幸な形で永別しなければならなかったのである。

それでも、ヤコフが死ぬ二ヵ月ほど前に、スターリングラードの戦いはソ連軍の勝利のうちに終わった。この戦いではソ連指導部は前述の非人間的な命令を出していたが、それ以上に重要であったのは、巨大な人的資源と軍需産業の生産能力であった。ソ連軍は最初の数ヵ月間こそ武器や砲弾の不足に悩まされたのであるが、事態の進展とともに状況を改善していった。それがなければ、一〇〇万を数える兵士たちの二〇〇日に及ぶ死闘は不可能だった。

また、スターリンが抜擢したジューコフ世代の軍人たち、すなわちワシレフスキー（一八九五～一九七七）、チュイコーフ（一九〇〇～八二）、ヴァトゥーリン（一九〇一～四四）たちも、この戦いからはっきりと古い世代を押しのけて活躍するようになった。彼らはスターリンの期待に応え、献身的に軍務に励んだ。

テヘラン会談

他方、スターリンも、戦争の初期には軍人たちに非情で苛烈《かれつ》な振る舞いをしていたが、次第にそうした姿勢を修正していった。もともと実務的で組織の運営に慣れていた彼は、スターリングラードの戦いの頃までに巨大な規模の軍隊を指揮する術を身につけたのである。それは、二〇歳ほども若い参謀たちの意見に注意深く耳を傾けることであり、戦術と戦略を区別し、戦術を将軍たちに委ねることであり、指揮官の一つ一つの行為に信賞必罰の態度で臨むことを意味した。

ジューコフたちも、先のヤコフ・ジュガシヴィリの件が示すように、日々スターリンと触れ合ううちに、冷酷と言われる彼の心の内を察するようになった。彼らから見るとき、スターリンは天才ではないにしても、間違いなく判断力と決断力に富む卓越した指導者であった。まさにこうした状況の中で、共産主義と愛国主義が合体し、新たなソ連イデオロギーがスターリンを中心にして生まれてきた。それは戦後になってもソ連体制を支えるイデオロギーとして機能し続けた。

一九四三年夏以降、スターリンは指導者としての資質を外交面でも発揮するようになった。最初のアメリカ、イギリス、ソ連の三国首脳会談は、クルスクの戦いでソ連軍がドイツ同盟軍に勝利した後の一一月末にテヘランで開かれた。もはやスターリンは大戦での勝利を確信していた。今や彼の関心事は、戦後世界の中でソ連が占める位置であった。

この点は二つの問題に深く関わっていた。一つは、英米軍がいつイギリス海峡を渡って、フランスでドイツ軍との間に戦線を築くかであった（これは連合国の間では、独ソ間の戦線に次ぐ戦線という意味で「第二戦線」と呼ばれた）。長くドイツ軍主力と戦ってきたソ連軍は、すでに人的にも物的にも信じられないほどの犠牲を出していた。少しでも早くアメリカとイギリスに負担を肩代わりしてもらわなければ、ソ連は消耗しきった姿で戦後世界を迎えなければならなかった。もう一つの問題は、戦後のヨーロッパに生じる地政学的状況である。より具体的に言えば、ヨーロッパの中央に位置するドイツとポーランドの取り扱いの問題であった。スターリンは三大国の取り決めによって両国の戦後のあり方を定め、ソ連の安全保障を確実にしたいと考えていた。

会談の中でチャーチルとF・ローズヴェルト（一八八二～一九四五）は、第二戦線を翌年五月までに開くという以前からの約束を確認した。チャーチルは長い間、バルカン半島に英米軍を上陸させるという考えに固執していたが、この会談でローズヴェルトとスターリンの発言に押され、フランスに上陸させる案に同意した。

他方、ドイツとポーランドの取り扱いについても三者の間でおおよその合意が生まれた。それは第一にドイツをいくつかの地域に解体し、第二に、ポーランド国境を全体に西側に移動させるというものであった。しかし、これらの決定は曖昧なままであった。スターリンはまだドイツを含めた戦後ヨーロッパの姿に見通しを持っていなかったので、ドイツの解体を説くローズヴェルトの意見にはっきりとは支持を表明しなかった。またチャーチルとローズヴェルトにしてみれば、ポーランド国境を西側に移動させるという議論に深入りするわけにはいかなかった。イギリスはドイツがポーランドに侵攻したことを受けて、ドイツとの戦争（第二次大戦）に入った経緯があり、簡単にポーランドの国境問題を交渉のテーブルに載せることはできなかった。またローズヴェルトも、アメリカ国内にいるポーランド系国民のことを考えれば、この問題を慎重に扱いたいと考えた。

テヘラン会談の時点では、スターリンのみが具体的に諸国の国境問題を提起した。彼はチャーチルに対して、ケーニヒスベルクとメメルは昔からスラヴ人の土地だったとして、その領有を認めるよう求めた。前者のケーニヒスベルクは一三世紀にドイツ騎士団が築いた都市であるが、一八世紀の七年戦争のときにロシア軍が占領したことがあった。バルト海に面した要衝として知られており、一九四五年にこの地域はソ連領に組み入れられ、翌年にはカリーニングラードと改称された。他方、メメルはケーニヒスベルクの北方に位置する都市で、同様に長くドイツ人が支配してきた。第一次大戦後に独立したリトアニアの領土に組み入れられ、第二次大戦後に同国全体がソ連領となった際、クライペダと改称された。

こうした領土要求は、チャーチルのスターリンに対する不信感を強めたが、まだこの時点では対立は表面化しなかった。むしろ、この会談で三国の指導者は互いの協調姿勢を確認した。ここではたとえば、ドイツに対する勝利の後にソ連は対日戦に参加するというスターリンの発言が、相互の信頼を高める効果を発揮したのである。ちなみにこの約束は、すでに一〇月にアメリカとイギリスの代表に伝えられていたが、スターリンはテヘランで確認することでアメリカ指導部を喜ばせた。以上のごとく、曖昧さを残しながらも、テヘラン会談は三国の結束を強める効果を持った。

少数民族の強制追放

この時期、スターリンの容赦のない政治姿勢は別の問題でも現れた。彼はテヘランから帰国すると、すでに進行していた北カフカースの少数民族の強制的追放政策を強力に推し進めたのである。この地域は一九四三年二月までにドイツ軍が撤退し、その後に緩慢ながら復興の事業が進んでいた。しかし、スターリンと内務人民委員ベリヤは、この地域に住んでいた五民族（チェチェン人、イングーシ人、バルカル人、カラチャイ人、カルムイク人）の中に、占領中のドイツ軍に協力した者がいたとして、これらの民族をはるか遠方に追放する策を進めた。対象になった者は六〇万八七四九人にのぼった。彼らは一九四三年一一月から翌年三月までの間に、用意された貨車に順次押し込められ、カザフスタンやキルギスタンなどに送られた。その途中で、また到着後に、病弱者が次々に死んでいった。

現在でもこの政策の本当の目的は定かではない。確かに、この地域に住む人々の中からドイツ軍を助ける者が出たのは事実であったが、それで女性や子供を含む民族全体を追放するというのはあまりに非合理的であった。民族の中から「裏切り者」が出たというのであれば、ロシア民族も同様だった。したがって、この政策の背後には裏切りに対する懲罰の意識だけではなく、ロシア帝国政府に対するこれら諸民族の執拗な対抗の伝統と、農業集団化以来絶えることのないソ連政府に対する武力抵抗事件があったと考えられる。

それでなくてもスターリンは、一九三〇年代半ばからソ連国内の朝鮮人、ヴォルガ地域のドイツ人、バルト地域の三民族、ポーランド人など、ソヴィエト体制の敵になる可能性があるとみなした民族に対して、同様の追放措置をとってきた。彼はソヴィエト体制の潜在的敵は誰であれ、強制的に排除するという方針を、ここでも採用したのだと考えられる。

東欧を勢力圏に

一九四四年の春からソ連軍の進撃が進み解放地域が広がると、そこでもスターリンは敵と味方を峻別し、敵となりうる者を排除する方針を取り続けた。解放された地域では、そうした嫌疑を受けた人々はただちに逮捕され、収容所に送られた。ソ連軍が東欧諸国に入るようになっても、この方針は変わらなかった。

六月に英米軍がノルマンディーに上陸すると、もはやヒトラーの同盟国は持ちこたえられなくなり、八月にはルーマニアの親独政権が倒れ、九月にはブルガリアにソ連軍が入った。スターリンは東欧諸国に反ソ勢力が数多くいることを十分に理解していた。そこでまず各国に共産党員を送り込み、さらに、活動を許したばかりの正教会を使って各国に親ソ分子を増やす政策を推進した。

こうした彼の周到な政策は、同年八月にワルシャワでポーランド人抵抗勢力の対独蜂起が起きると、説明し難い状況を生み出した。ソ連軍は援助の要請を受けたにもかかわらず、これを無視し、蜂起したポーランド人がドイツ軍に一掃されるのを見守ったのである。スターリンは、前年にドイツ軍が旧ソ連領のカチンで発見した大量のポーランド人将校の射殺死体をめぐってロンドンの亡命ポーランド政権と絶交状態にあったので、この政権と結びつくワルシャワのポーランド人勢力を助ける理由はないと判断したのである。ソ連軍は蜂起が弾圧された後に攻撃を開始し、一九四五年一月にワルシャワを占領した。それまでにポーランド人共産主義者よりなる委員会が新しい政権の担い手として地位を固めていた。

一九四四年一〇月にモスクワを訪れたチャーチルは、スターリンとあまり違わない次元で戦後世界を考えている事実を明らかにした。彼はここでルーマニアは九〇パーセントがロシア、ギリシャは五〇パーセントがロシア、イギリスが（アメリカと協力して）五〇パーセントなどと書かれた紙を渡した。彼も大国による勢力圏分割の発想から逃れられなかったのである。スターリンはこれに青い鉛筆でチェックをつけて戻した。この対応を見てチャーチルはやり過ぎたことを理解し、交渉はなかったことにして、この紙を燃やすよう提案した。しかしスターリンはこれに否と応じ、紙を保存するよう求めた。

翌年二月にヤルタで二度目の三国首脳会談が開かれたとき、勢力圏分割の動きはますます現実のものになった。英米軍が入った地域はその支配下に入り、ソ連軍が進出した東欧諸国はソ連の支配下に入った。アメリカ指導部は、このときになっても、スターリンはチャーチルほどには帝国主義的ではないと思い込んでおり、戦後世界を彼らの考える民主的方法によって再建できると考えていた。ヤルタで採択された解放ヨーロッパの宣言は、まさにこうした思いを反映したものだった。しかし、それはすぐに希望の表明になった。

この時期、東欧の人々がどこまで自由な選挙によって安定した政権を生み出すことができたのかは不明であるが、自国の荒廃を意識するスターリンが、周辺地域に親ソ的な政権を据える決意を固めていたことは確かである。彼はヤルタの会議でポーランドの国境の問題はイギリスにとって名誉の問題だと主張するチャーチルに向かって、それはソ連にとって国家の安全の問題だと言い張った。ロシア語の史料によれば、この意見が会談で了承されたのである。またポーランドの政権についても、ソ連支援のポーランド共産主義者を主体とする政府に、亡命ポーランド人を加えることになった。スターリンは、これまでの戦後処理の慣行に従って、戦場での結果を国家間の取り決めへと変換していった。彼はこのように行動しても、アメリカやイギリスと協調関係を維持できると考えていた。

ヤルタ会談。左からチャーチル、ローズヴェルト、スターリン

最終的に五月にベルリンが陥落し、スターリンとヒトラーの戦いは終わった。ドイツはアメリカ、イギリス、フランス、ソ連が支配する地域に分割占領された。勝利はソ連の人々に安堵《あんど》と歓喜をもたらした。戦争の結果、ヨーロッパに面したソ連国境は、バルト海から黒海まで

西側に移動した。さらにその外側の東欧諸国でも、ソ連は圧倒的な影響力を持つようになった。明らかにスターリンはこの成果に満足していたが、外部に向けた発言ではこの点について何も言及しなかった。

スターリンは五月に開かれたヨーロッパ方面での戦勝を祝う式典で、初めて一九四一年と翌年に「我々の政府」は少なからぬ失敗をしたと認めた。さらに六月の戦勝記念パレードの演説では、「地位が低く、肩書の目立たない」、それでいて国家機構の中で「ねじ」のような役割を果たしている普通の人々の功績を称えた。ここに示されている言葉は、彼の偽りのない気持ちを表していた。彼は戦術面での失敗を認めつつ、これまで自分が強硬に進めてきた政策が圧倒的多数の国民によって支持されたと言いたかったのである。

しかし、この戦いでソ連は軍だけで八六六万人、国民全体では二七〇〇万人の犠牲者を出しており、戦後の復興がきわめて困難なものになることは確実であった。スターリンはこの事実を隠すことによって、ソ連体制と彼の権威を守る道を選んだのである。

第8章　アメリカとの戦い

ドイツと日本の復讐戦への警戒

近年でも、ヒトラーとの戦いが終わるとすぐにスターリンが、アメリカとの対立に向かったかのように説く歴史解釈が散見される。しかし、それはどう見ても事実ではなかった。一九四五年半ばの時点では、彼はアメリカの指導者と同じく、米ソ関係に深刻な対立が起こると考えていなかった。確かにアメリカは、第二次大戦を経て軍事的にも経済的にも資本主義諸国の指導国となった。その意味で言えば、スターリンでなくても、社会主義国ソ連の指導者は誰であれ、アメリカに対抗する以外の選択肢はなかった（そうでなければ、資本主義社会は必ず社会主義社会に発展すると説けるはずはなかった)。しかし、戦時中に築かれた友好関係の余熱が残る中では、体制の違い、イデオロギーの違いだけで、両国が牙《きば》を剝《む》きあう敵同士になるとは、スターリンを含めて誰にも想像できなかったのである。

ここでもう一度これまでの議論を確認すれば、スターリンの理解では、ヨーロッパの大国は戦争が終わるたびに国境線を調整し、お互いの平和を生み出してきた。それが国際政治の常態であり、今後も国家が残る限り、その状態が続くはずであった。したがって、一九四五年からしばらくの間、世界各地の戦後処理をめぐって戦勝国間で国境線をめぐって厳しい外交交渉が続いても、それが抜き差しならない対決に至るとは考えられなかったのである。

史料による限り、この時期にスターリンが危惧していた問題は別の方向にあった。すなわち、彼はドイツの復讐戦を考えていたのである。彼はドイツが降伏する以前から、外国の代表者たちとの会談でたびたびこの問題に言及した。たとえば三月にスターリンはチェコスロヴァキア大統領のベネシュに対し、今後一五年ほどでドイツは必ず再度立ち上がってくるので、それに備えてスラヴ諸民族は結集しなければならないと説いた。また翌月にはポーランド共和国の代表団に対しても、ソ連とポーランドの同盟に続いて、西側の諸国が同様の同盟を作ることによって、再生するドイツを包囲できると述べた。

スターリンのこの種の発言は、この時期に限られていたわけではなかった。たとえば一九四七年四月にアメリカの国務長官マーシャル（一八八〇〜一九五九）が、アメリカは、ドイツに強い集権的政府を生み出すプロセスについては、それがいかなるものであれ、大いに不安を感じていると述べたとき、スターリンは一九世紀にナポレオンが実行したドイツ分割という政策を引き合いに出して、次のように自説を展開したのである。

「ナポレオンが行った分割が、結果としてドイツ統一という理念をドイツの排外的愛国主義者や復讐主義者に与え、ビスマルクを生み出し、普仏戦争等々を引き起こした事実がある。ソ連政府は、ドイツ統一という武器を手放し、ドイツの排外的愛国主義者や復讐主義者にそれを与えることを恐れている。それは将来に向けた大いなる脅威を秘めており、新しいビスマルクを何人も生み出すだろう」

つまりスターリンはここで、ドイツ人を復讐戦に駆り立てないようにするには、西側諸国はドイツ分割という政策を軽々しく論じるべきではないと主張したのである。確かに、当時の事情を知る者には、このような発言は、ドイツに勝利した後にソ連が行った対応と辻褄が合わないように見える。すなわち、第一に、占領軍となったソ連兵は統制の利かない集団となってドイツ人に乱暴狼藉《ろうぜき》を働き、大いに戦勝国ソ連の名誉を傷つけた。第二にソ連は、その占領中に賠償としてドイツ占領地域の工業施設を次々に接収し、自国に輸送した。こうしたソ連側の行き過ぎた行動はドイツ人ばかりか、他の連合国政府からもたびたび苦情を招いた。しかしスターリンは相手にせず、何も対策をとらなかったのである。

だが、おそらく彼の頭の中では、これらの事柄と彼が恐れる復讐戦とは明白に区別されていた。あえて言えば、彼は長い戦争の果てに軍が起こす略奪やレイプ事件は不可避的でやむをえないことと考え、また、ソ連を含む周辺諸国に多大な戦争被害を与えた敗戦国が、賠償をするのは当然のことだと認識していた。これに対して、復讐戦を起こさせないようにすることは戦勝国の指導者の政治的技術の問題だと考えていたのである。

敗戦国が復讐戦を挑むはずだというスターリンの危惧は、そのままドイツの同盟国日本にもあてはまった。一九四五年夏から、スターリンは再起する日本に備えねばならないと繰り返し説いたのである。たとえばロシアの中国専門家（元ソ連外交官）ガレノヴィッチによれば、スターリンは八月一四日に蔣介石《しょうかいせき》（一八八七〜一九七五）の息子の蔣経国《しょうけいこく》（一九一〇〜八八）に向かって次のように発言していた（公表されているロシア語の交渉録には、この会談は収録されていない）。

「貴下は、敗北後の日本には、モンゴルを占領してソ連を攻撃することなどできないと断言されておられる。確かに、ある期間はそうであろう。しかし永遠にではない。負かされても、日本人のような民族は必ず立ち上がってくる」

戦後日本についての二人の会話は一二月にも引き継がれた。そのときには、蔣経国が日本再起論を改めて述べるよう求めたのに対して、スターリンは次のように答えた（なお、こちらの交渉は、ロシア語の公式の外交文書に収録されている）。

「もちろん、それは起こる、日本は人口が多く、復讐心の強い国民だからだ。日本は再起を願っている。これを阻止するためには五〇万から六〇万の将校と一万二〇〇〇人ほどの将官たちを捕虜にとる必要がある。アメリカ人たちは日本の占領を経験したことがない。だからすべてを理解できないのだ。（中略）中国は日本の占領を経験した。ソ連はドイツの〔占領〕と、かつてだが日本の占領を経験した〔これは、シベリア出兵のことを指す〕。それゆえ中国とソ連は、敵がもはや戦えない状態にする必要があることを理解している。アメリカ人はこのことがわからないのだ。自分は彼らがこのことを理解することを願っている」

こうしたスターリンの予測は、ソ連国内では政治的指針として重視され続けた。このために、一般にはあまり知られていないが、ドイツ軍国主義と日本軍国主義の再生という議論は、一九八〇年代までソ連の定期刊行物ではお馴染《なじ》みのテーマだった。

原爆をめぐる駆け引き

ともあれ、以上のようなドイツと日本に対する警戒心は、スターリンの思考の中でゆっくりとアメリカに対するそれに主たる地位を譲っていった。この変化を促した要因はいくつも考えられる。一般に冷戦史研究では、東欧地域の戦後処理に対する連合国内の理解の違いが、冷戦の基本的原因だったと主張されてきた。前章で触れたように、ドイツとポーランドを中心とするスターリンの東欧政策が、英米両政府にソ連に対する警戒心を呼び起こし、それが今度はスターリンの対決姿勢を生み出したというのである。この点は確かに米ソ離間の重要な要因であったが、スターリンの対米姿勢の形成という点では、別の論点にも目を向ける必要がある。

その第一が原爆の問題である。スターリンがアメリカの原爆に最初に反応したのは、一九四五年七月のポツダムにおける首脳会談のときである。ここでアメリカの大統領として初めて首脳会議に参加したトルーマン（一八八四～一九七二）は、スターリンに対し、アメリカは「異常な破壊力を持つ新兵器を手に入れた」と打ち明けた。アメリカの大統領は、この発言でスターリンがどのような反応をするのか見極めようとしたのである。スターリンがこれに特別な反応を示さなかったので、大統領はソ連の指導者は原爆について何も知らないのだと判断した。

だが実際には、スターリンはすぐにトルーマンが示唆したことを理解し、部屋に戻るや否やモロトフとこの件について意見を交わした。居合わせたジューコフによれば、モロトフがアメリカは「自分を偉そうに見せている」と評すると、スターリンは、そうさせておけばよい、こちらの作業を急ぐよう原爆開発責任者のクルチャートフ（一九〇二〜六〇）と交渉しなければならないと応じた。この会話から見て、スターリンたちはトルーマンの態度に強者の立場から戦後処理を行おうとする嫌な姿勢を感じ取ったのである。そもそもトルーマンには、ドイツ軍主力部隊と戦い続けてきたソ連に対する敬意がなかった。

ここからスターリンが引き出した結論は、ソ連も原爆の開発と対日戦を急がねばならないというものだった。このうち、スターリンがより急いだのは対日戦の方だった。このときの彼の頭の中は容易に想像がつく。新しいアメリカの指導者たちは、戦争終結後にソ連の地位を脅かす動きに出る可能性が高く、もしアメリカが日本を単独で占領し、日本が現に支配する朝鮮半島と満洲を引き継ぐような事態になれば、東アジアでもソ連の脅威になることは目に見えていた。それを避けるためには、何としてもソ連は対日戦に参加し、これらの地域にアメリカの影響力が及ぶことを阻止しなければならなかった（まだ日ソ中立条約は効力を持っていたが、スターリンとしてはそれを守る必要はないと考えていた）。

こうしてスターリンは、広島に原爆が落とされた翌日の八月七日には、極東軍総司令官に任命したワシレフスキーに対し、対日戦を四八時間繰り上げ、ザバイカル時間九日零時（モスクワ時間八日午後六時）に開始するよう命じた。さらに同日、モスクワに到着したばかりの中国国民党政府外相宋子文《そうしぶん》との会談に入った。ヤルタ会談で認められた樺太《からふと》（サハリン）

和解の模索

南部の返還、千島《ちしま》列島（クーリー諸島）の引き渡しを得るためだけであれば、この交渉は急ぐ必要がなかった。そうではなくて、同じヤルタ会談で決められた旅順《りょじゅん》の租借権の獲得、東清鉄道に対するソ連と中国の共同管理権の回復等々を確実にし、アメリカの影響圏の拡大をあらかじめ封じておくためには、ソ連指導部としてはどうしても国民党政権との合意が必要だったのである（この後、一六日にスターリンは北海道北部をソ連の占領地域に加えるようトルーマンに提案しているが、おそらくこれも、ソ連の安全保障を考えてのことであった。当時ソ連は、この方面に海軍力をほとんど持っていなかったのである）。

スターリンが原爆の問題に立ち返ったのは、対日戦の終結が見えた二〇日のことであった。この日、国家防衛委員会はベリヤを長とする原爆開発に関わるすべての問題を管轄する特別委員会を設置したのである。同委員会に与えられた権限は大きく、「ブルガリア、チェコスロヴァキア、その他の国において」ウラン鉱石の産地を採掘し、利用する権限も含まれていた。この決定は、アメリカが原爆を独占する事態に何としてでも対抗しようとするスターリンの強い意志を表していた。その後、ベリヤを中心とする原爆開発チームは文字通りあらゆる手段を駆使して原子爆弾の開発に向かった。

以上のように、ポッダムにおけるトルーマンの原爆への言及は、スターリンの対米不信を強める要因となった。しかし、それですぐに彼がアメリカとの対決を覚悟したとは言い難かった。そのことは、一九四五年後半から翌年にかけての米ソ関係が示している。まず八月一六日に、スターリンは前日にトルーマンが提案した朝鮮半島の占領は三八度線の北をソ連軍、南をアメリカ軍が行うとする命令第一号に同意する旨の返事を送った。次に九月二〇日に彼がワシレフスキーに与えた指令は、ソ連側が朝鮮半島にソヴィエト的秩序を導入することを目的としていないと明記していた。スターリンは朝鮮半島の戦後処理でアメリカとの分割管理方針を受け入れたばかりか、ソ連が占領する三八度線より北の地域でも、当面は共産化を進めない方針をとったのである。

さらに一二月にアメリカ、イギリス、ソ連の三国の外相が集まって開いたモスクワ会議では、朝鮮半島に臨時朝鮮統一政府を生み出すための米ソ共同委員会を設置することや、日本の占領体制にソ連を加えるために、ワシントンに極東委員会、そして東京に対日理事会を設置することなどが決まった。スターリンはまだ戦時中の連合国の枠組みを維持することによって、日独という敗戦国の戦後処理を進めたいと考えていたのである。

この姿勢はそのまま国外にあるソ連軍への指示にも現れた。彼は一九四六年春に、満洲に駐留させていたソ連軍を突如として撤退させた。アメリカは前年秋に一〇万人の軍隊を中国に送っていたが、その程度の軍では国民党と中国共産党の間で進む内戦に決定的な意味を持たないことは明白であった。さらに五月には、スターリンはイランに駐留させていたソ連軍を撤収させた。それより先一月に、イランが国際連合にソ連の内政干渉問題について調査するよう求めたことから、三月にモスクワで交渉が持たれ、ソ連側はイギリスがイランで持つのと同様の石油利権を同国で獲得していた。ソ連軍の撤退がこうした事情と直接的に関連していることは、スターリンの次のような発言によって確認できる。

「我々がイランに引き続きとどまることができないのは、主として、イランのわが軍の存在がヨーロッパとアジアにおけるわが国の解放政策の基礎を掘り崩すからだ。イギリス人とアメリカ人は我々に向かって、ソ連軍がイランにとどまることができるのであれば、なぜイギリス軍はエジプト、シリア、インドネシア、ギリシャに、同様にアメリカ軍は中国、アイスランドに（中略）とどまることができないのかと述べた」

ここにあるように、スターリンは英米両国とソ連が世界各地の支配をめぐって競争状態にあると受けとめながらも、一部の地域では早々と和解の姿勢を示した。冷戦がたけなわの頃の研究では無視されがちであったが、彼は柔軟な対応を見せていたのである。

トルコとギリシャでの米ソ対立

しかし、一九四六年の半ばになると、スターリンは世界各地の問題でアメリカの強圧的姿勢を意識するようになった。これが彼のアメリカに対する警戒心を強めた第二の要因である。この点で最も著名な例が、トルコをめぐる米ソ対立である。ここではアメリカ政府は、スターリン指導部が出した黒海と地中海を結ぶ二つの海峡（ダーダネルスとボスフォラス）の管理体制を変更する提案に、断固として反対する動きに出た。スターリンたちからしてみれば、戦争の勝利とイギリスの後退という状況を利用して、この種の問題を自国に有利な形で変更するのは当然のことであった。彼らはそのように考えて、八月にトルコ政府に書簡を送り、黒海沿岸諸国（つまりソ連を含む国々）による管理体制を生み出すこととソ連の軍事基地を設置することを求めたのである。ところがアメリカ政府はトルコ政府から相談を持ちかけられると、すぐに地中海に艦隊を送り、この提案を拒絶するよう後押しした。このために、一〇月にはスターリンは出していた提案を棚上げした。

これに続いて、ギリシャ内戦の問題が生じた。ここではスターリンは、表向きは内政不干渉の姿勢をとったが、実際にはユーゴスラヴィアなどの友好国を通じてギリシャ共産主義者への援助を続けた（この時期のソ連指導部のギリシャ共産主義者への援助は、現在では、ロシアの研究者によって広く確認されている）。英米両政府はソ連のこの地域への進出に強い危機感を抱き、協議の末にイギリスに代わってアメリカがギリシャ政府を支援することで合意した。

こうして一九四七年三月に発表されたのがトルーマン・ドクトリンである。ここでトルーマンは、ギリシャやトルコの情勢にまったく関心を持たないアメリカ国民を説得するために、これは民主主義国と全体主義国との戦いだと意味づけたのである。

スターリンに限らず、ソ連の人々から見れば、これはあまりに大げさな議論であった。当時のソ連には、ヒトラーのドイツのように軍事的脅しで新たに他国から領土を奪うだけの力はなかったからである。むしろソ連の指導者としては、内戦状態にあるギリシャで共産主義者から支援要請を受ければ、それを無下に断ることはできなかった。当時スターリンの周辺にいた人々も、ギリシャがイギリスという「帝国主義国」の手に落ちないよう、ソ連が支援するのは当然だと考えていた。現在でもロシアの多くの人々は、こうした行動が内政干渉ならば、アメリカのギリシャ政府に対する軍事的支援も同様だと考えているのである。

いずれにせよ、スターリンの理解では、ギリシャやトルコの問題は米ソの対立までかけて争う問題ではなかった。このためにソ連はズルズルと後退していった(ギリシャへの支援では、スターリンは一九四八年二月に、同国を支援していたブルガリアとユーゴスラヴィアの指導部に、イギリスおよびアメリカと競争しても勝ち目はないとする判断を伝えた)。

以上のような事件を通じて、彼はアメリカ政府がソ連と戦うつもりなのか、あるいは優位にある軍事力を利用して脅しをかけているだけなのか、迷うようになった。この時期に彼が内輪のサークルで示していた発言は見当たらないが、アメリカで活動するソ連外交官からの報告から判断する限り、彼はアメリカ政府には戦う意図はなく、ただソ連を威圧しているだけだと見ていた。トルーマン・ドクトリンの発表後にスターリンがアメリカの共和党議員スタッセンに語った言葉を使えば、彼はまだ「いついかなる場合でも、違った経済体制が協力しえないはずはない」と考えていたのである。

マーシャル・プラン

スターリン関連の未公刊文書の閲覧を許可されたロシアの研究者によれば、こうしたスターリンを決定的に対決に向かわせたのがアメリカの打ち出したヨーロッパ経済再建策であった。一九四七年六月にマーシャル国務長官は、ドイツを含む西欧諸国に大規模な経済援助を与えることによって、ヨーロッパ経済を立ち直らせる計画（マーシャル・プラン）を発表した。それは形式的にはソ連や東欧諸国の参加を排除していなかったが、実際にはこれまでの行動様式を全面的に改めない限り、ソ連は参加できないように仕組まれていた。このために、同計画の立案者たちの中には、これこそドイツのみならず東欧諸国をソ連の影響から切り離す切り札だとみなす者が少なくなかった。それ以外にも、同計画による欧州経済の再生は、アメリカの戦後不況を克服する手段として有効だと考えられていた。

他方スターリンを含めたソ連指導部は、マーシャル・プランが提示されたとき、その狙いがどこにあるのか理解できなかった。そこで彼らは、当時ソ連随一の経済学者とみなされていたユーゲン・ヴァルガ（一九〇三〜五七。ハンガリー人の共産主義者）にその検討を命じつつ、とりあえずモロトフを団長とする代表団を、マーシャル・プランの実施に関わる問題を討議するためのパリ国際会議に送ることを決めた。

言うまでもなく、当時のソ連は西欧諸国以上に疲弊していた。戦場となった国土は至る所で無惨な様相を呈していた。その上、多数の人命を失ったための労働力不足と原爆開発への物財の投入という負荷がのしかかり、経済は貧血状態にあった。特に農村での人手不足は深刻で、そうでなくても旱害《かんがい》に襲われた一九四六年夏には、収穫できた穀物は明らかに国民の扶養に足りなかった。この点を具体的に示す資料はないようであるが、ノヴゴロド、ウリヤノフスク、コストロマなどのいくつかの州では飢餓が発生した（ロシアの歴史作家ルイバスのスターリン伝は比較的事実に即した歴史読み物であるが、そこにはこの時期の栄養失調による死者の数は一〇〇万人から二〇〇万人であったと記されている）。

こうした状況からすれば、ソ連指導部にとってアメリカの経済援助は願ってもない申し出に見えたはずである。しかし、もしそれがアメリカの覇権を確立するためのエサであるとすれば、彼らとしては受けるわけにはいかなかった。モスクワから見るとき、ここでの問題は、マーシャル・プランはアメリカ経済の不況対策を目的とする国内政策なのか、それとも対外政策なのかという点に集約された。ヴァルガの意見は基本的に前者で、アメリカは戦時の過剰生産が必然的に起こす戦後不況に対処するために、ヨーロッパに市場を創出する必要があるというものであった。しかし、彼は計画の対外的側面にも気づいており、アメリカはこれによってヨーロッパに覇権を確立し、西欧諸国をその反ソ・ブロックに組み込むことを目指していると付け加えた。そこから出される結論は、ソ連としてはマーシャル・プランの政治的利用を警戒しつつ、参加すべきだというものであった。

このような理解を持ったソ連指導部は、パリに向かうモロトフに、ドイツの復興問題を会議では論じないこと、援助要請の計画をヨーロッパ諸国が一体となって作成し、結果としてアメリカの影響力を高めることがないようにすること、アメリカの東欧諸国への介入を許さないことという三点の指示を与えた。要するに、アメリカの政治的影響力をできるだけ排除して、経済援助を受けとろうとしたのである。しかし、すでにアメリカ政府と事前の協議を済ませていたイギリスとフランスは、モロトフの議論にまったく関心を示さなかった。このためにソ連代表は早々に会議場を去って帰国した。ソ連政府はすぐに東欧諸国も会議参加を取り止めるよう指示を出した。結局、パリ会議はソ連代表団の帰国後に、トルーマン政権の狙い通りに進行した。

この一連の動きは、スターリンのその後の対外政策の方向を決定づけた。彼はここで、アメリカは経済力を利用してソ連の国際的影響力を決定的に弱めようとしていると理解したのである。彼の出した結論は、ソ連には経済力の不足で軍備増強の余地は乏しいので、まず自陣営のイデオロギー統制を強めて対抗し、押し返す機会をうかがうというものだった（ただし核兵器の開発は、これまでと変わりなく最重要課題として推進された）。

コミンフォルム設立

この時期、他国に比べれば緩慢であったが、それでもソ連指導部は着実に軍の縮小を図っていた。この結果、一九四五年五月の時点で一一三六万五〇〇〇人を数えたソ連軍は、一九四八年までに二八七万四〇〇〇人まで削減された。冷戦時には西側の研究者は、この公式数字は事実を反映していないと主張していたのであるが、現在では事実に近いと評されるようになっている。また工業生産の民需への転換も進み、未公刊の公式統計によれば、一九四六年のそれを基準とすると、民需生産は二〇パーセント増し、軍需生産は三パーセント減だった。もともとの両部門の生産に占める割合を考えると、確かにこの程度の転換では国民生活の改善には不十分であったが、スターリンは戦後もアメリカとの対決ばかりを考え、国民に一方的に耐窮生活を強いたというのは正確な評価ではなかったのである。

軍事力の強化よりもスターリンが推進したのが、イデオロギー面での戦いであった。一九四七年九月末には、スターリンはポーランドのシクラルスカ・ポレンバに東欧諸国とイタリアおよびフランスの共産主義諸党の代表を集め、コミンフォルム（共産主義情報ビューロー）を設立した。一九四三年に彼はアメリカとの提携を深めるために、それ以前に機能していた同様の組織であるコミンテルンを解散させていた。したがって、この時点でのコミンフォルム設立は、改めて世界の共産主義運動を利用する必要があると判断した結果であった。会議でもこの姿勢は明確に打ち出され、彼の側近として活動していたジダーノフ（一八九六～一九四八）は、その演説で、世界は今やアメリカを中心とする「帝国主義的反民主主義的陣営」とソ連を中心とする「反帝国主義的民主主義的陣営」に分かれているとする二大陣営論を打ち出した。これは言うまでもなく、スターリンの指示に基づくものだった。

それとともに、ソ連の東欧諸国に対する政策も大きく転換した。すなわち、前年半ばまでスターリンは、機会あるたびに、東欧諸国はソ連とは異なる社会的経済的条件を利用して、独自の社会主義への道を進むべきだと説いていたのであるが、今やそうした各国の独自路線は社会主義陣営の結束を乱す許し難い行動だと断ずるようになった。すべての東欧諸国はソ連の経験に学び、ソ連をモデルとして国の発展を図るよう求め出したのである。

新路線による混乱

翌一九四八年になると、ここに始まった新路線が次々に問題を起こしていった。第一に、三月にはチェコスロヴァキア外相のマサリック（一八八六〜一九四八）がプラハで自殺するという事件が起きた。彼はこのとき、ソ連の保安機関によって殺害されたとする説もある。いずれにせよ、東欧諸国で非共産主義者を政権から排除する動きが始まる中で、戦前から活躍するこの自由主義者は死に追いやられたのである。この事件は西側諸国に衝撃を与え、アメリカでは議会によるマーシャル・プランの承認を促す最大の要因になった。

第二に、ユーゴスラヴィア共産党の離反事件が起きた。もともとソ連軍の援助なしに権力をとったユーゴスラヴィア共産党にはソ連共産党との対等意識が強く、モスクワの指示にそのまま従う気風が乏しかった。一九四八年になってもユーゴスラヴィアの共産主義者は、ブルガリアとユーゴスラヴィアの連邦問題、対アルバニア政策などで独自の行動を取り続けた。これにスターリンは憤慨し、六月にユーゴスラヴィアをコミンフォルムから追放する決定を採択するよう指示した。しかし彼の予想に反して、この措置によってユーゴスラヴィア共産党の政権基盤が揺らぐことはなかった。むしろ、この事件はアメリカ政府によって、共産主義陣営の誇る「国際主義」の実情を暴露するものとして利用されたのである。

第三に、「ベルリン封鎖」事件が起きた。これは、そもそもドイツ占領時に生まれた変則的占領状況に端を発するものであった。すなわち、当時、ドイツはソ連が占領する東側地域とアメリカ、イギリス、フランスの三国が占領する西側地域に分けられており、首都のベルリンは東側のソ連占領地域にあった。だが、ドイツを管理する必要から西ベルリンには西側三国の占領区域が設けられており、ドイツの西半分と自由に往来できるようになっていた。こうした変則的な状況にあったにもかかわらず、西側三国はマーシャル・プランを受けて、ドイツの占領地域において通貨改革を実施した。スターリンはこれに反発し、ドイツ西部地域と西ベルリンの間の交通路を遮断する措置をとったのである。

一般には、ソ連側はこの措置によって、西部地域で使用不能になった通貨がベルリンを経由して東部地域へ大量に流入するのを防ごうとしたのだと言われている。この説明の当否はともかく、西側三国はソ連の封鎖政策は、彼らの管理する西ベルリンを放棄させる目的を持つものと受けとめ、断固として対抗する姿勢をとった。その象徴的措置が、トルーマン政権の実施した西ベルリンへの生活物資の空輸であった。西側のマスメディアは、ソ連の政策は市民生活を困難にする非人道的性格を持つものだと非難した。こうした展開を見て、スターリンは一九四九年五月に封鎖を中止する四国合意案を受け入れた。

これ以外にも、イタリアやフランスでは一九四七年末から共産党が激しいアメリカ批判を繰り広げたが、逆に自らの勢力後退を招いた。つまり、コミンフォルム設立以来に起こった出来事は、いずれもソ連側に不本意な結果をもたらした。当然、こうした展開をスターリンの傍らにあって見守っていた側近たちは、彼らの指導者の判断力の衰えを意識せざるをえなかった。スターリンはすでに七〇歳になろうとしており、アメリカとの戦いを指揮する能力を失いつつあるのではないかという不安が側近たちの中に生まれたのである。

レニングラード事件

この状況で起こった権力闘争として知られるのが、レニングラード事件である。現在知られる限り、その出発点となったのは、レニングラードの党組織の中心的人物であったジダーノフが進めた強硬路線の行き詰まりにあった。先述したように、コミンフォルムの設立大会で打ち出された対米対決路線は、スターリンの指示に基づくものであったが、ジダーノフがそれを推進したことも事実だった。このために政策がよからぬ結果をもたらすようになると、彼に対する評価も低下していった。

こうした状況にあった八月にジダーノフが急死すると、指導者を失ったレニングラード党組織に対してさまざまな非難が浴びせられるようになった。翌一九四九年二月には、ジダーノフと結びついていた人々が「反党活動」をしていたとする決定が政治局で採択された。その後、レニングラードの党組織や国家機関で活動していた人々はもとより、他地域にあった

スターリンの側近たち。前列左からカガノヴィッチ、マレンコフ、スターリン、ジダーノフ。後列右から２番目は娘のスヴェトラーナ

レニングラード出身の有力者が次々と逮捕されていった。最終的に、この事件の犠牲者となった者の数は二〇〇〇人以上に達した。そのうち主要な者は処刑された。

ちょうどこの頃、スターリンの側近の一人として台頭してきていたフルシチョフ（一八九四～一九七一）によれば、一連の事件はマレンコフ（一九〇一～八八）とベリヤが、猜《さい》疑《ぎ》心を強めていたスターリンを唆して引き起こしたものであった。このうち、マレンコフたちが事件に関わっていたことはほぼ通説となっているが、スターリンの関与については未だ十分に立証されていない。しかし、フルシチョフの回想のこの部分は、老化し周囲に疑惑の目を向けるスターリンの姿をかなり具体的に描いており、説得的だと言えよう。

ユダヤ人排斥

ともあれ、レニングラード事件が拡大していくのとほぼ同じ時期に、長年スターリンの側近として活動してきたモロトフも、権力の中枢から排除された。彼の場合には、ジダーノフのような派手な行動をしていたわけではなかった。むしろ、モロトフは一九四五年後半から、欧米諸国に対してスターリンの指示通りの対応をしていないと批判され、年ごとに影響力を弱めていた。その意味で、彼はこの時期の指導部内の数少ない穏健派の一人であったとする解釈もあるほどである。そのモロトフにスターリンが最終的に見切りをつけたのは、一九四〇年代後半にソ連社会に広がったユダヤ人批判を通してであった。

この問題には二つの面があった。第一の面は、スターリン自身が一九三〇年代からユダヤ人に対する不信感を露《あら》わにするようになったことである。この点は、彼が家族の中で最も可愛がったスヴェトラーナの結婚問題に明白に表れ出た。一九四四年にスヴェトラーナがユダヤ人の学生グリゴリー・モロゾフ（一九二一～二〇〇一）と結婚したとき、スターリンは二人の結婚を受け入れたものの、モロゾフがユダヤ人であることに不快感を示したのである。フルシチョフによれば、スターリンのこの態度がスヴェトラーナの結婚を短期間で破綻させた理由だった。スターリンは他の身内の者についても同様の姿勢を示した。

第二の面もあった。それは戦後のソ連社会に、ユダヤ人に対する不信感が広がったことである。これは戦時中に、アメリカとの友好関係を深めるために、ユダヤ人の文化人に国際的活動を奨励したことの反動として生じた。戦後になって米ソ関係が悪化すると、彼らの対外活動を支える機関として設立されていたユダヤ人反ファシズム委員会が、アメリカのスパイに利用されているのではないかとする疑惑が広がったのである。

実際、一九四七年末には、ユダヤ人反ファシズム委員会の有力メンバー（世界文学研究所の研究員）が経済研究所のユダヤ人研究員とともに逮捕された。その後、一九四八年初頭には、同委員会の代表を務めた人物が自動車事故を装って殺害され、同年末には委員会自体が解体された。これらの事件を通じてソ連社会に湧き起こったユダヤ人排斥の動きは、その後、西欧文化に親しむ文化人に対する批判へと発展していった。一連の動きの背後には、スターリンの過剰なまでの西側のスパイに対する警戒心があった。彼の持つユダヤ人に対する不信感は、この過剰な警戒心といとも簡単に結びついたのである。

モトロフの妻ポリーナ・ジェムチュジーナ（一八九七～一九六〇）はユダヤ人であるばかりか、ユダヤ人反ファシズム委員会の有力メンバーであったために、必然的にスパイの嫌疑をかけられ、一九四九年初頭に逮捕された。それから二ヵ月後の三月にモロトフは外相の職を解かれたのである。その後まもなくしてスターリンは、モロトフもアメリカの手先ではないかとする疑念まで公然と漏らすようになるのであるが、さすがにこれは側近たちの反論を受け、本人の逮捕にまでは至らなかった。

中国共産党の勝利

スターリンがモロトフ外相の後任に任命したのは、一九三〇年代に検事総長の任にあり、第6章で触れた一連のモスクワ裁判で検察官として活躍したヴィシンスキー（一八八三〜一九五四）であった。新外相は裁判のときと同様に、外交でも相手側の議論に耳を貸さず、一方的に非難する姿勢をとった。このためにソ連と西側諸国との間では交渉の場面は少なくなり、対決ばかりが目立つようになった。要するに、外交という手段によってソ連と西側諸国の関係を改善する可能性がほぼゼロになったのである。これこそ、イデオロギー統制と攻勢を強めるという一九四七年以来の路線がもたらした帰結であった。

この時期、客観的に見ればソ連はアメリカとの戦いで押され気味であったが、スターリン自身は一方的に負けているとは考えていなかった。まだ十分に戦えると思うからこそ、彼はヴィシンスキーのような人物を外相に据えたのである。状況から考えて、二つの事実が彼の強気を支えていた。第一は国内経済の立ち直りである。一九四六年に採択された第四次五ヵ年計画により、ソ連経済はようやくこの頃に工業面で復興の兆しを見せていた（農業の復興は遅れた)。ソ連軍事史の専門家によれば、一九四九年には軍部の発注が増大した。軍部は新型の戦車や戦闘機を求めるようになり、政治指導部がそれを認めるようになったのである。このために、いったん民需品の製造に向かった工業施設の多くが、この頃から再び軍需生産に戻っていった。第二次大戦前の軍事力の急激な増強を想起すれば、戦後もソ連の管理経済が、アメリカに対抗する軍事力を生み出すはずだと考えたとしても不思議はなかった。

第二は中国の内戦で、アメリカの支援する国民党側が敗勢を示していたことである。中国共産党の毛沢東《もうたくとう》(一八九三～一九七六)が内戦での勝利を意識し、スターリンに訪ソの意向を示してきたのは一九四八年春のことであった。スターリンはこの朗報にすぐには飛びつかず、訪問は時期尚早だと答えた。もとより彼は中国共産党の躍進を喜んでいたが、毛沢東の権力基盤が確固としたものなのか、また中国とソ連の共産党の連帯がアメリカを刺激しないか、不安に感じていたのである。彼のこの姿勢は、中国共産党と戦う国民党政府との外交関係を切らずに維持したことによっても示された。

だが彼の慎重な対応をよそに、その後も中国共産党は軍事的勝利を重ね、同年末までに満洲(中国東北部)を完全に支配するに至った。この事態を受けて、逆に国民党政権はスターリンに対し、一九四九年初頭にアメリカ、イギリス、フランスの政府とともに中国内戦の調停役を果たすよう求めてきた。スターリンはこの依頼を受けて、いよいよ中国共産党の勝利を確信したであろう。そこで彼は国民党との関係を切らないまま、毛沢東のいる石家荘《せっかそう》にこれまでよりも高いレベルの使者を送ることを決めた。

このときスターリンは側近のミコヤンに、毛沢東と会い、その意向を聞き出す役を委《ゆだ》ねた。アルメニア人のミコヤンはこれまで内外貿易人民委員などを歴任し、対外経済問題に精通していたが、外交交渉をするだけの知識を持ち合わせていなかった。このことがかえってスターリンには好都合だった。

実際、ミコヤンが一月から二月にかけて行った会談の記録によれば、彼は、中国共産党側はいつ主要な工業都市を占領するつもりか、また中国共産党の構成が農民に偏り過ぎているのではないか、中国革命政権の樹立は先延べすべきではないか、といったスターリンの疑念をそのまま毛沢東にぶつけたのである。毛沢東はこれに対して自らの戦略の適切さを力説した。彼はスターリンの姿勢に苛立ちを覚えたはずだが、この史料を読む限り、今は主敵である国民党政権と同政権を支えるアメリカと戦うために、ソ連の支援を得る以外にないと考えていた。スターリンとしては、毛沢東のこの対米姿勢を知れば、それで十分だった。こうしてミコヤンの訪中以降、両党は急速に緊密な関係の構築に向かった。

中ソ両共産党指導部が本格的に外交交渉を行ったのは、毛沢東に次ぐ中国の指導者劉少奇《りゅうしょうき》（一八九八～一九六九）が同年夏に訪ソしたときであった。このとき劉は彼らが最重要とみなす問題を提起した。それは台湾と香港の解放に対するソ連の軍事的支援の問題である。これに対してスターリンは、七月一一日の会談でソ連経済が第二次大戦で大きな被害を受けた事実を指摘し、ソ連軍の援助はアメリカの陸海軍と戦うことを意味するが、ソ連国民は第三次世界大戦の開始を理解しないだろうと答えた。彼は中国革命を、アメリカとの戦いの枠内での一局地戦として捉えていたのである。この厳しい回答を得た劉少奇は、数度毛沢東と連絡した後、二七日にスターリンの立場を受け入れた（一二月一六日に毛沢東自身が訪ソしてスターリンと初めて協議したときにも、彼は経済援助と絡めて台湾解放へのソ連の援助を求めたが、スターリンは軍事作戦そのものが困難だとする姿勢を変えなかった）。その他、このときの交渉では経済的援助やモンゴル問題などが討議されたが、それはソ連とアメリカとの戦いでは二義的な問題であった。

こうして一九四九年のうちに、新しい中ソ関係の大枠が定まった。正式に中ソ友好同盟相互援助条約が締結されるのは翌一九五〇年二月のことであったが、ソ連を中心とする社会主義陣営は大きく勢力を盛り返したのである（逆に、アメリカ国内では中国喪失論が起こった）。

原爆開発と朝鮮戦争

するとそれからまもなくして、さらなる朗報がスターリンのもとに届いた。八月三〇日にベリヤとクルチャートフが連名で、モスクワ時間二九日午前四時に、カザフスタンの実験場で最初の「原子爆弾の爆発」に成功したと報告してきたのである。

ソ連側は、この時期、並行して核兵器を運搬するロケット技術についても開発を進めていたが、それはまだ完成には程遠かった。したがって、核実験の成功はそれ自体ではソ連が核兵器を持ったことを意味しなかった。おそらくスターリンが、待ちに待ったベリヤたちの報告を受けながら、しばらくの間、沈黙したのはこの事情を考えたからである。彼はアメリカ側が、ソ連が核兵器を持つ前に攻撃してくるのを恐れたのである。

だがトルーマン政権は軍事政権ではなかった。アメリカ側は、各種の科学的データを慎重に分析し、九月二三日（モスクワ時間）になってソ連が核実験を行ったと発表した。言うまでもなく、急襲の素振りなど見せなかった。スターリンはこの事実を確かめた後の二五日になって、ソ連の国営通信社タスを通じてアメリカ側のこの発表を伝えることを許した。このときのタスの発表文は、ソ連政府は核兵器の使用を無条件で禁止するというこれまでの立場を堅持しているとする一節も付け加えていた。これによってスターリンは、もう一度、ソ連はアメリカとの軍事的衝突は望んでいないとアピールしたのである。

同じ時期、スターリンは、毛沢東と同じように武力によって国家統一を目指す別のアジアの指導者にも自重を求めていた。北朝鮮の指導者金日成《キムイルソン》（一九一二〜九四）は、一九四九年三月にモスクワを訪れた際に、武力統一のための時機が来ているとスターリンに説いていたのである。金日成のこの姿勢はアメリカ軍が六月までに朝鮮半島を撤退すると、さらに強まった。しかしスターリンは彼の要請を認めようとせず、九月にも政治局の決定として現時点での侵攻は支持できないと伝えた。ソ連側は、もし北側の軍隊が一挙に敵軍を圧倒できず、南北間の戦争が長期化すれば、アメリカに介入の口実を与えることになると説明した。スターリンからすれば、朝鮮半島もまた、アメリカとの戦いの一舞台に過ぎなかったのである。

こうしたスターリンの判断に対して、金日成は中国の指導者ほど物わかりがよくなかった。彼はアメリカとの戦いこそ主要な戦争だと渋々と認めたが、心の底では、国家統一のための戦争を重視していたのである。このために、一〇月一日に中華人民共和国が成立すると、金日成は一段と強くスターリンに迫った。彼の言い分は、一九五〇年一月一七日にはっきりと示された。この日、彼はソ連大使に「中国の解放が完成した今、次は朝鮮の解放だ」と述べたのである。ちょうどその五日前には、アメリカのアチソン国務長官が、韓国がアメリカの安全保障義務の外側にあることを明らかにしていた。何も証拠はないが、この発言によって、北朝鮮が韓国に侵攻しても、アメリカは出兵しないという金日成の見通しは、あながち希望的観測ではないようにモスクワでは見えたはずである。

結局三〇日に、スターリンは金日成に対し、再度ソ連を訪問することを認めると通知した。

この通知を出した時点で、彼は朝鮮半島の武力統一という金日成の要求を受け入れることをほぼ決めていたのである。そうでなければ、何を求めるか明白な彼の再訪を認めるはずはなかった。それでも彼は、四月にモスクワに来た金日成に対し、最後の条件として「中国の同志」が朝鮮半島の武力統一に賛成することを挙げた。だがこれは、先に毛沢東がスターリンに示した対米姿勢を考えれば、金日成を押さえることを期待して出されたものではなく、中国側の言質をとるためのものであったろう。案の定、五月に金日成が毛沢東を訪問すると、中国の指導者は、もしアメリカが戦争に介入したら、中国は北朝鮮に軍事的援助を与えると答えた。これによって、金日成が求めた朝鮮戦争の準備はすべて整ったのである。こうして六月二五日に北朝鮮軍は韓国に侵攻を開始し、朝鮮戦争が始まった。

しかし始まった戦争は、たちまちスターリンの期待に反するものになった。すぐにアメリカ政府は国連安全保障理事会で武力侵攻を非難する決議案を採択させ（ソ連は、それ以前から安保理事会を欠席していた）、韓国救援のために軍を送った。この部隊は国連軍となり、オーストラリア軍、イギリス軍なども加わった。これに対してスターリンは、とりあえずソ連空軍の数十機を援軍に送り、さらに毛沢東に中国の出兵を求めた。一〇月に中国軍が参戦したことで戦争は一挙に拡大し、すぐに泥沼化していった。

それでもこの戦争では、スターリンは米ソの直接対決を避けるために、全期間で二万六〇〇〇人ほどのソ連兵しか朝鮮半島に送らなかった。それも大半は中国義勇軍に偽装した空軍と、前線後方で戦う高射砲部隊であった。彼はソ連軍が参戦していることを隠し続けたのである。だがはるかに多くの兵士を戦場に送った中国、北朝鮮、アメリカ、韓国が、激戦の中で数万人、数十万人の死傷者を出すようになると、双方は停戦を考えざるをえなくなり、開戦からちょうど一年経った頃から停戦のための接触が始まった。接触はじきに交渉になったが、妥結に至らず、ようやく一九五三年七月に停戦協定が締結された。

外交判断の衰え

スターリンのこの間の行動は不明な点が多い。今もなお、彼こそが停戦協定の締結を妨害した張本人であったので、同年三月の彼の死によって停戦交渉が急速に進んだとする説と、逆にスターリンは停戦の必要性を早くから認識していたが、毛沢東が名誉ある協定を求めたために戦争が続いたとする説が並び立っているのである。中ソ両国それぞれにおいて、スターリンと毛沢東がどのような議論をしていたのか不明なために、彼らが交わす通信のどこに本音があるのか、なかなか読み取ることができないのである。しかもこの時期になると、スターリンの老化という問題も無視できなかった。

西側の冷戦研究の通説は、一九五二年にはスターリンの老化が進み、政策に対する支配力が顕著に低下したと主張している。この点で特に注目されてきたのが、同年三月一〇日にスターリンがアメリカなどドイツを管理する西側三国の政府に送った覚書（「スターリン・ノート」と呼ばれる）である。この覚書でスターリンは、いきなりドイツを中立化し、武装を許す形で統一国家にするよう提案したのである。覚書の発出は、当時西ドイツ政府がヨーロッパ防衛共同体に加わる姿勢を強めていたので、それを阻止するという合理的目的を追求したものと言えなくもなかったが、実際には、提案によって最も影響を受ける東ドイツ政府に何の事前の説明もなしになされていたのである。

ソ連政府はこの覚書によって、東ドイツを独立国として認めないとする選択もあると表明したことになるので、東ドイツの指導部にとっては、これは死活の意味を持っていた。覚書を発出しただけでも、東ドイツの指導部の権威を大いに傷つけたのである。苛立った彼らは四月初頭にモスクワを訪問し、スターリンにドイツの将来をどのように考えているのか尋ねた。これに対するスターリンの答えは、ソ連政府がドイツ問題でどのような提案をしようと、西側諸国は同意しない、アメリカはヨーロッパを支配するために、ドイツに軍をとどめたいのだというものであった。ここから出てくる彼の結論は、この結果、西ドイツに独立国家が成立するので、東ドイツも「自分の国家を組織しなければならない」というものであった。

スターリンはこのとき、彼の忠告が覚書の文面（ソ連の求めるのは中立・武装の統一ドイツだという文面）とまったく異なる方向（二つのドイツの形成）を指している事実について、何も説明しなかった。

最終的に「スターリン・ノート」は、西ドイツの人々の中で起こりえた可能性をめぐる議論を引き起こしただけで終わった（同国の一部の人々は、中立の立場に立つ統一ドイツが出現する可能性があったのではないかと、考えたのである）。以上の簡単な経緯を追うだけで、スターリンがすでにソ連政府の覚書の発出や彼の時々の発言が周囲に及ぼす影響について熟慮するだけの体力を失いつつあったことがうかがわれよう。戦時中と戦後初期に彼が見せた周到な配慮は、ここにはまったく見られなかったのである。

さらに、欧米の研究者はあまり関心を寄せないが、日本では「スターリン・ノート」の半年前に開かれたサンフランシスコ対日講和条約の調印式の際に、ソ連の代表グロムイコ（一九〇九～八九）が要領を得ない行動をとったことがよく知られている。ここでグロムイコは、すでにアメリカ政府が中心になって作成した講和文書に調印するか否かという状況に置かれながら、会議場でその修正を提議して議長に一蹴された。他方では、ソ連側は条約の締結を妨害する行動をとろうともしなかった。イギリスとアメリカはむしろ妨害行為を心配していたが、ソ連代表の行動は拍子抜けするほど粘りがなかった。やがてグロムイコが戦後ソ連の代表的外相として、非常に粘り強く頑固な交渉姿勢をとって「ミスター・ニェット（ノー）」

の異名をとった事実を考えれば、会議での態度はまったく彼に相応しくなかった。

要するにスターリンは、ドイツ問題の半年前にも日本問題で焦点の定まらない外交を行っていたのである（ソ連代表がここで対日講和条約に調印することを拒否したために、ソ連〔ロシア〕はこの条約で日本が放棄した樺太南部と千島列島〔クーリー諸島〕に対する法的権利を主張できないまま今日に至っている）。

統治能力の喪失

一九五二年半ば以降になると、スターリンは周囲の者に対する配慮のなさと強い猜疑心をさらに見せるようになった。まず一〇月に開かれた第一九回共産党大会とそれに続く中央委員会総会では、彼はいったん決まった中央委員の候補者名簿に不備があったとして、四名の候補を大会終了後に付け加えた。その後、政治局から幹部会と改称した最高機関のメンバー二五人を決め、さらにその中からビューローを設置するとして九名のメンバーを誰にも諮らずに決めた。つまり、党内人事の慣行をほぼ完全に無視したのである。

さらに総会の終わりには、ビューローに入れなかったモロトフについて、彼は外相時代にイギリス大使にソ連国内で新聞や雑誌を出すことを許したとか、ユダヤ人の妻をあまりに尊敬しているので、彼のいる政治局で重要な決定ができないなどといった妄言のような非難を浴びせ、さらにミコヤンに対しても、彼は農業税という原則的な問題で理論的政治的誤りを犯したと一方的に断罪した。これらの非難を聞いて、出席者の誰もが二人に粛清が迫っていると考えた。しかもここでスターリンは、自分はもう引退するつもりだといきなり言い出して、居並ぶ共産党の指導者たちを驚愕させたのである。

周囲の者は誰であれ裏切り者か外国の手先ではないかと見る彼の姿勢は、これ以後も強まるばかりだった。総会終了後の一一月と一二月には、スターリンは何十年も彼に仕えてきた秘書のポスクレブイシェフ（一八九一〜一九六五）と警護局長のヴラシク（一八九六〜一九六七）に疑惑の眼差しを向け、彼らを逮捕させた。

ロシアの歴史家の中には、こうした措置の背後にベリヤの情報操作を見る者もいる。ベリヤはスターリンの信頼の篤い付《つ》け人《びと》たちを排除することによって、自己の影響力を高めようとしたというのである。これは証拠のある議論ではないが、ベリヤの暗い人物像と結びついて根強く残り続けている。彼はスターリンと同じグルジアに生まれたメグレル人で、一九三八年から一九四五年まで内務人民委員を務めた。合理的思考に長けた彼は、前任者のエジョフと同様に自分も用済みになれば弊履《へいり》のごとく捨てられると考え、スターリンと緊密な関係を持つ人々の排除を図ったというのである。この推測の当否はともかく、ポスクレブイシェフやヴラシクなどの逮捕は、スターリンがもはや誰も信じることができなくなっていたことを示している。

こうした動きの最終段階に世間に示されたのが、クレムリンで働く医師団がテロリスト集団であったとする荒唐無稽《むけい》な「医師団事件」である。このとき、同時にベリヤを追い落とすための「メグレル事件」の摘発も進んでいた。現在では、いずれもスターリンが直接に関与していたことが確実とされている。

以上からすれば、スターリンは亡くなる一、二年前から統治者に必要な能力を半ば以上失っていたと見て間違いないであろう。アメリカとの戦いが引き起こした凄《すさ》まじい緊張が、老齢の身に重くのしかかっていたのである。

終章　歴史的評価をめぐって

死去の日

一九五三年三月五日夜九時五〇分にスターリンは亡くなった。一八七八年一二月が生年であったとすれば、このとき彼は七四歳だった。

クレムリン西方にあるクンツェヴォの別荘で、床に倒れているスターリンが発見されたのは三月一日の夜遅くであった。つまり、危篤《きとく》状態は四日間続いた。この間に起きたことは、目撃者の回想が細部で食い違っているためになかなか確定することが難しい。このためもあって、スターリンの死は自然死ではなく、毒殺だったとする説がロシアでは今日も真剣に取り沙汰《ざた》されている。側近の誰か、たとえばベリヤが殺害したというのである。

錯綜《さくそう》する事実の中で比較的確実だと思われているのは、第一に、スターリンが脳溢血《のういっけつ》、あるいは別の理由で倒れたのは三月一日の朝だったが、常日頃、彼が呼ぶまで建物に入ってはならないと命じられていたために、警護職員による発見が遅れたことであり、第二に、異変に気づいた彼らの連絡を受けて、二日午前三時にやってきた側近たちがすぐに医者を呼ばなかったために、救急措置がとられたのはさらにその数時間後だったことである。回想の中には、このときやってきたベリヤが警護職員に向かって、「パニックと騒ぎを起こしているのか、見ろ、同志スターリンは熟睡されているのだ」と一喝したと記しているものもある。このエピソードが事実だとすれば、ベリヤは意図的にスターリンの治療を遅らせたということになろう。

スターリンの子供たちについて言えば、スヴェトラーナが別荘に着いたのは二日の朝、もしくは同日昼のことで、彼女が横たわる父を見たときにはすでに医者が周囲で活動していた。彼女は一九四九年にスターリンの勧めで再婚したが、それも一九五一年に破局に至っており、父親との関係はかつてのように円滑でなくなっていた。彼女はスターリン死去から三年後の一九五六年にスターリン姓を改め、母方のアリルーエヴァ姓を名乗るようになるのである。

また同じ日に駆け付けた二男のワシーリーはひどく興奮しており、到着後すぐに「ブタ野郎、親父を殺しやがった」と悪態をついた。彼は誰かがスターリンを殺したと考えたのである。しかし、度重なる酒乱や粗暴な振る舞いで周囲の信頼を失っており、誰も彼の言うことをまじめに受けとらなかった。結局このときはヴォロシーロフが彼を鎮める役割を果たした。ワシーリーは一九四七年以来、空軍中将の地位にあったが、父の死後二〇日ほどで予備役に編入され、禁固と追放の処分を受けた後に、四〇代はじめの若さで亡くなった。

側近たちも二日の朝からしばらくは、混乱の中に過ごしたようである。しかし時間が経つとともに、彼らはソ連の統治という重い課題に向き合うようになった。国民には四日の朝にスターリンが危篤状態であることが伝えられているので、それまでに彼らはどこかに集まり、最初の報道内容も含めて対応策を協議したのである。

スターリン体制からの逸脱

こうした秘密の協議を経て、おそらく五日の昼間にマレンコフを閣僚会議議長に、フルシチョフを中央委員会第一書記に、そしてベリヤを閣僚会議第一副議長兼内相にすることが側近たちの間で内々に決まった。閣僚会議は一九四六年に人民委員会議が改称されたもので、一九四一年にスターリンが人民委員会議議長になって以来、議長の職務は彼が保持してきた。また一九五三年から書記長の職務が第一書記と改称されたが、これもそれまではスターリンが占めていたものである（第5章で述べたごとく、スターリンは一九二二年に書記長の職に就いた。そのとき以来、亡くなるまで、彼はこの共産党の最高職務にあったとするのが通説である）。

したがって以上の合意は、スターリンが占めていた国家と共産党の最高職務をマレンコフとフルシチョフに分担させ、ベリヤに強力な内務省の管轄権を委ねたことを意味した。なおこの協議には、前年にスターリンが幹部会ビューローを設置したとき、そこから排除されていたモロトフも加わっていた。これはスターリンが定めた体制から逸脱する最初の動きであった。側近たちは、もはやスターリンの指示を守ろうとしなかったのである。

その後、五日の夜八時に共産党中央委員会総会、閣僚会議幹部会、そして最高ソヴィエトの緊急合同会議がクレムリンで開かれた。このような会議が開かれたのはソヴィエト権力が成立して以来、初めてのことであった。側近たちは自分たちが決めた役割分担を正当化するために、ここまで大掛かりな会議を開く必要があると考えたのである。

この会議は非常に明瞭に、スターリンに次ぐ地位にあった人々が指導者の最近の行動に疑問を抱いていた事実を明らかにした。すなわち、ここで閣僚会議議長の候補として発言したマレンコフは、スターリンによって進められてきた制度面での変更を元に戻すよう提案したのである。それは第一にビューローを廃止し、第二に党機関の最高機関となる中央委員会幹部会をスターリンが定めた人数より縮小し、第三にその新幹部会のメンバーとしてモロトフとミコヤンを加えることを内容とするものだった。またモロトフについては、彼を閣僚会議第一副議長兼外相に任命することも提案した。この提案を作成した人々は、どう見ても前年のスターリンの組織改革と、モロトフたちを共産党の最高決定機関より排除した人事を不適切で、踏襲する必要のない措置とみなしていたのである。言うまでもなく、この合同会議に召集された中央委員たちは全員一致でこの提案を承認した。

国民はなぜ涙したか

以上に対し、これまで何も知らされてこなかった国民は、スターリンの危篤、それに続く死去の報に衝撃を受けた。多くの回想がこの点を確認している。ここでは、先に言及したロシアの歴史作家ルイバスのスターリン伝にある記述を引用しておこう。そこには次のようにある。

「国中が号泣した。人々はスターリンの死を悲しんだだけではなかった。彼らは一つの時代が終わり、非常に困難なとき、苦しいほど困難であった悲劇的で偉大な時が終わったと感じたのである。時は去り、彼らは残った。彼らは彼なしに生きなければならない、自分の生活の意味を考えねばならない。その生活もまた歴史になりつつあった」

西側の研究者も同じようにソ連国民が一斉に泣き出したことを記しているが、与える説明はルイバスのそれと異なっている。西側の研究者によれば、ソ連の新聞やラジオ、あらゆる出版物が長期間にわたってスターリンをあたかも全知全能の神のように描いてきたので、国民は彼の突然の死に深い喪失感と将来に対する不安感に囚われたのである。

おそらくルイバスの記述と西側の研究者のこのような分析的説明は、半分ずつの真実を伝えていた。ソ連のメディアを信じてきた多くの国民は、偉大な指導者を失って茫然《ぼうぜん》自失し、不安の中で涙を流した。彼らは、あたかも自分たちの保護者が亡くなったかのように受けとめたのである。もとより、そうではなかった人々もいた。スターリン統治期に不当な扱いを受けてきた人々である。だが彼らにとっても、スターリンの死はこれまで自分がたどってきた苦難の道程（ルイバスの言葉では「悲劇的で偉大な時」）を思い出させる機会になった。スターリンははるか遠い存在であったが、彼らの人生の節目と切り離し難く結びついており、その死去の報に涙が出るのを抑えられなかったのである。

六日にモスクワ市の中心部で催された葬儀には、こうした普通の人々がスターリンに最後の別れを告げようとして押しかけた。このために式典場とされた労働組合会館に至る道はどこも人々であふれた。同様の式典はソ連各地で催され、国中が喪に服した。

この日、スターリンの後継者たちは争って指導者の棺に寄り添ったのであるが、彼らには国民とともに感慨にふけっている暇はなかった。新しい指導者たちは残された遺産のうち、すでにこの時点で負債と意識されていた問題に対応しなければならなかった。これは権力闘争そのものだった。こうした過程の中で、彼らが最初に合意したのが、スターリンによる行き過ぎた政策の是正の問題であった。三月二六日にベリヤが中央委員会幹部会に提出したメモによれば、このとき刑務所や各種の矯正労働収容所には二五二万六四〇二人の人々が拘留されていた（軍法裁判によって刑を受けていた者は、ここには含まれていなかった）。ベリヤによれば、そのうち特に危険だとみなせるのは二二万一四三五人に過ぎなかった。彼の意見を受けて、翌二七日に幹部会は刑期五年以下の政治犯や、妊娠していたり、幼い子供を持っていたりする女性の政治犯などを釈放する恩赦を決めた。この決定は、二八日付の新聞を通じて社会に伝えられた。どこに進むのか不明なまま、ソ連において脱スターリン化が始まったのである。

次に、四月三日の中央委員会幹部会は医師団事件が根拠のないものであったことを認め、逮捕されていた医師たちの釈放を決めた。翌四日、ベリヤは内務省職員に逮捕者に残忍な尋問方法を使うことを禁ずる命令を出した。一〇日には「メグレル事件」もでっちあげと認められた。さらに二七日には法務大臣がマレンコフ宛てに、比較的軽い犯罪者に対する刑事罰の緩和を求める報告書を提出した。文書によれば、これによって一九五二年に有罪の判決を受けた一四七万六〇〇〇人のうちの約半数が刑期の削減などの影響を受けると考えられた。こうした決定を受けて、五月九日、およそ一二〇万人の人々が恩赦を受けた。疑いもなく、内務省や法務省の責任者は職務を通じて非常に多くの国民が根拠なく、あるいは本当に些細《ささい》な理由で罪を問われてきたことに気づいていたのである。こうして刑務所や収容所はスターリンの死とともに劇的に変化していった。

抑圧政策の見直しは、農民に対する政策にも及んだ。スターリンの長年にわたる工業優先の政策によって、コルホーズの農民たちは戦後になっても食うや食わずの生活を余儀なくされていた。実情を知るマレンコフの主導で、最高ソヴィエトは八月に農業税の大幅引き下げを決定した。さらに九月にはフルシチョフが共産党中央委員会総会において、農作物の国家による買い入れ価格の大幅引き上げを告げた。こうして、農民の労働の成果を国家がタダ同然で受けとる政策は、スターリンの死とともにようやく転換されていった。フルシチョフはその回想で、これによって農民の生活が少しは改善されたと記しているが、ソ連崩壊後に出された標準的なロシアの概説書は、この政策の結果、一九五三年から二年間ではおそらくはマレンコフが国内で最も人気がある政治家だったと記している。

対外政策の見直しと維持

さらに、新しい指導者たちは対外政策の分野でもスターリンの政策の見直しを進めた。この点で第一に着手されたのが外国人の捕虜・抑留政策であった。四月一四日にベリヤとモロトフが連名で共産党中央委員会に、抑留中の外国人の処遇をめぐる問題を検討する委員会の設置を求めたのである。これが内務省と外務省の責任者の共同提案であった事実から見て、ソ連人に対する処罰の見直しが、外国人抑留者の問題に関心を集めさせただけではなかったかもしれない。外交当局者も、捕虜や抑留者の長期拘留がソ連の国際的イメージを損なっている事実に気づいていたのである。

この後、五月二〇日には委員会の報告が出された。それによれば、検討された外国人四万一五五一人のうち、一万六五四七人は即時に帰国措置がとられるべき人々であった。この提言が承認され、ドイツ人一万二七〇三人、ハンガリー人一三九八人、オーストリア人六〇六人、日本人五六四人など、多くの人々に帰国の道が開かれた。すでに何十万という人々が抑留中に亡くなっていたが、それはさしあたり不問に付された。

対外政策の分野では、すでに触れたごとく朝鮮戦争の休戦協定が締結されたが、それと同じほどに早急の対応が求められたのは東ドイツ問題であった。前章で述べたように、同国では、前年のスターリンの指示に従って国境を固めるなど独立国家への動きが促進されていたのであるが、それは国内状況をいっそう悪化させていた。この点を象徴的に示していたのが頻発する国外逃亡事件であった。ベリヤが五月六日に出したメモによれば、一九五三年の最初の三ヵ月で八万四〇三四人が東ドイツから西ドイツへ逃亡していた。七月の中央委員会総会におけるモロトフの発言によれば、一九五一年一月から一九五三年四月までの間に西ドイツに「移った者」の数は全部で四五万人であったから、明らかにスターリンの最晩年に逃亡者の数はかなり増えていたのである。

この問題をめぐって二七日に開かれた閣僚会議の議事録はまだ研究者に開示されていないが、そこで激論が交わされたことは確かである。先述の共産党中央委員会総会では、ドイツ問題の討議でベリヤが「挑発者として、帝国主義者たちの手先として、正体を現し」、「東ドイツにおける社会主義の建設を放棄し、西側に譲歩すべきだ」と主張したと説明されている。これは権力闘争の末に勝利した側が、ベリヤの「悪行」を殊更《ことさら》に毒々しく描いたものであるから、事実そのものと考える必要はない。しかしそれでも、この間のベリヤの行動を考えれば、彼が東ドイツを社会主義国として発展させることはソ連の経済状態から見て困難だと主張したことは間違いなかった。

これに対して他の指導者たちは、東ドイツの社会主義体制への移行は急ぐべきではないが、社会主義の建設を目指す東ドイツの体制を支えるべきだと主張したようである。この結果、ベリヤの示した急進的な政策転換は認められなかった。経済力の乏しいソ連にとって、東ドイツを支えることが困難であることは自明であったが、戦争で得たものをむざむざと手放すこともできなかった。東ドイツの国民もやがては社会主義を選択するはずだという希望的な見通しが、幹部会の多数派の支持を集めたものと見られる。

同様の経済的理由から、政策の見直しは核兵器の問題にも及んだ。ここではスターリンの死ばかりか、その三ヵ月後のベリヤの逮捕によって、核兵器開発の推進役が突然にいなくなったことが大きな影響を与えた。この状況を受けて、マレンコフは軍事費の削減を訴えることによって自身の人気を高めようとしたのである。こうして彼は、八月に「緊張緩和」という言葉を指導者の中では初めて使い、翌年三月には、今後起こる世界戦争は核戦争となり、世界の破滅をもたらすと言明した。これは世界戦争になれば、帝国主義が一掃されるとしてきたこれまでの主張を大きく変えるものであった。

だがマレンコフは彼の主張が指導部内から激しい批判を招くと、すぐに発言を撤回した。ここでもソ連指導部は、アメリカとの対決というスターリンの遺産を簡単に放棄できない現実に直面したのである。この時点ですでに、社会主義の最終的勝利を信じる信念と核戦争後に予想される事態との間に、整合性のある説明が必要となっていた。だがマレンコフを追い落としたフルシチョフも、そのような説明を与えることはできなかった。彼はこの種の論争に入ることなく、核兵器の開発を進めてアメリカと対抗する路線を選んだ。しかし彼も、軍の人員削減などによって予算を切り詰め、国民生活を改善する方向も目指した。

フルシチョフのスターリン批判

以上のように、ソ連の新指導者たちはスターリンが亡くなるとすぐに、多少の混乱を起こしつつも、行き過ぎているとみなされていた抑圧と、経済的に重荷となっていたアメリカとの対立の緩和に向かった。三年後の一九五六年二月に新指導者フルシチョフ第一書記が行った二〇回共産党大会演説は、こうした動きのクライマックスをなすものであった。

彼はまず大会の基調演説において、今後の対外政策の概要を描き出した。それは、資本主義国の指導者が始める核戦争は「資本主義の墓穴を掘ることになる」と従来の立場を保持しつつも、こうした戦争は避けることが可能だと主張するものだった。フルシチョフによれば、帝国主義が存在し続ける限り戦争は不可避だとする議論は、戦争を阻止することができる「強大な社会・政治勢力」が登場する以前のもので、今日ではもはや時代遅れであった。ここでフルシチョフが使った「強大な社会・政治勢力」という言葉の真の意味は正確にはわからないが、ソ連以外にも社会主義国が出現したばかりか、世界各地で欧米諸国を「帝国主義国」と批判する勢力が登場していたことを指すものと思われる。ともかくここから彼は、スターリンが進めたアメリカとの対決路線でなく、資本主義と社会主義という異なる体制間の平和共存という政策が可能であり、はるかに望ましいと主張した。

この演説以上に大きな意味を持ったのは、大会の最終日に行った秘密報告である。ここでフルシチョフは大会出席者に限る形で「個人崇拝とその帰結」と題するスターリン批判を展開した。この演説は大きく分けて、四つの部分から成っていた。

第一は、スターリンの粗暴さの問題である。ここでフルシチョフが強調したのはスターリンと晩年のレーニンの間に生じた対立と、そこで明るみに出たスターリンのよからぬ政治的姿勢である。フルシチョフによれば、確かにレーニンは必要なときにテロを行うことを躊躇しなかったが、それは革命と内戦というソヴィエト体制の生死を賭けた戦いのときであった。これに対してスターリンは、革命が勝利し、ソヴィエト体制が強化された後にテロを行った。ここに大きな違いがあった、というのである。

第二は一九三四年のキーロフ暗殺以降に起こった大粛清である。ここでフルシチョフは、同年開催の一七回党大会で選出された中央委員と中央委員候補一三九人のうち九八人、つまり七〇パーセントの者が銃殺され、また、同大会に党組織の代表として出席した一九六六人のうち一一〇八人が逮捕されたと述べて聴衆を驚愕させた。彼の理解では、こうした大量テロはスターリンによる権力乱用の結果として起こったものだった。

第三は第二次大戦期のスターリンの失敗である。フルシチョフは、スターリンの思い込みから緒戦においてドイツ軍の大規模な侵攻を許したことや、一九四二年の無能な軍事指導の結果として多大な犠牲を出したことなどを具体的に指摘し、スターリンが当時盛んに言われていたような「軍事的天才」ではないと主張した。彼に言わせれば、この戦争を勝利に導いた功績はスターリンにではなく、「わが共産党、ソ連軍、党によって育成された無数のソ連人」に帰せられるべきものであった。

第四は戦中、戦後の個人崇拝の具体的事例である。フルシチョフによれば、第二次大戦中の民族追放政策や戦後の「レニングラード事件」、「メグレル事件」、「医師団事件」、ベリヤという「わが党の札付きの敵」の抜擢等々は、すべてスターリンの「信じ難い猜疑心」や「偉大であることへの熱望」がもたらしたものであった。彼の節操もなく自画自賛する姿勢はマルクス・レーニン主義と異質なものであり、今後、ソ連共産党はイデオロギー的研鑽《けんさん》を深めて、「個人崇拝」を繰り返さないようにしなければならない、と言うのである。

歴史的評価

フルシチョフの以上のような演説は、たちまち外部に漏れてソ連内外に大きな反響を引き起こした。一言で言えば、東欧諸国ではスターリン体制からの脱却という旗印のもとに民主化の動きを起こし、中国やモンゴル、北朝鮮などでは、むしろそれまでに生み出されていた指導者中心の体制を強固にしていった。他方、アメリカや西欧の多くの人々は、ソ連内部からの変革の動きに驚きつつも、フルシチョフのスターリン批判を歓迎した。ソ連の指導者が西側の規範や価値観を受け入れ始めた証左だと考えたのである（なお、日本を含む諸国の左翼勢力の中では、スターリンは社会主義の理想を踏みにじった人間であると断じ、彼が体現したものと異なる「本当の社会主義」があるはずだとする議論が広がった）。

しかしソ連国内では、そうした外部の反応と明らかに異なる動きが見られた。スターリンの歴史的評価が問題になったのである。フルシチョフ自身、彼のスターリン批判が完全でないことを知っていた。一九六四年にいくつもの政治的失敗のために失脚した彼は、一九六七年から七一年に亡くなるまでの期間をかけて、過去についての自分の考察を密かに録音していった。そこで彼が何度も立ち戻ったのは、やはりスターリンの歴史的評価であった。

フルシチョフはソ連国内に、自分の示したスターリン評価に反対の意見を持つ者が数多くいることに気づいていた。彼が権力集団からはじき出されたのも、この問題と無関係ではなかった。彼の回想はこうした状況に対する彼なりの対応であった。彼自身の言葉でそのことを表せば、「ある者は、スターリンが党や国民に多くの悪いことをなした（中略）事情に第一に反応している。しかし、別の者は、確かにこれは事実だが、それでもあの大戦争において我々が勝利できたのは、我々をスターリンが指導したからであって、もしスターリンがいなかったならば、敵を打ち負かし、勝つことができたかどうか、わからないと言っている。この後者の視点に自分は絶対的に同意できない」からである。

フルシチョフに言わせれば、スターリンがいたからソ連は戦争に勝てたと考えるのは、奴隷の発想であった。「奴隷こそ、彼らのために考えてくれて、彼らのために組織してくれて、失敗したときには誰かに罪をかぶせ、成功したときには誰かにそれを帰してくれる、そういう人を必ず必要とする」からである。フルシチョフはソ連国民に向かって、それでよいのか、と問うたのである。倫理観としては、彼の言うことは至極もっともであった。しかし歴史的にはどうであったのか。

ソ連国内の葛藤

スターリンなしに、ソ連はヒトラー軍との戦争に勝てたのか。フルシチョフが評価を与えなかった一九三〇年代の急進的工業化なくして、ソ連は第二次大戦を戦うことができたのか。この集団化と結びついた工業化は、スターリンがいなかったとしてもソ連共産党は成し遂げたのか。もし、そうだとすると、集団化が出した数百万人の犠牲者はどう評価すべきか。歴史の大きな転換期には、普通の人々が犠牲になるのは不可避なのか。さらに続ければ、戦後のアメリカとの戦いは、一方的にソ連に、つまりスターリンに責任があったと言うのであろうか。当時ソ連政府が主張していたように、アメリカの軍事力と経済力に頼る姿勢こそ世界を支配しようとする政策を生み、それが冷戦という対立を生み出したのではなかったか。これに対するスターリンの政策は、基本的に誤りではなかったのではないのか。ソ連国内ではこうした疑問が次々に湧き起こり、人々の感情を掻《か》き立て続けた。

一般の国民以上にこの問題に真剣に関わらざるをえなかったのは、共産党の上層部（イデオロギーや宣伝の担当官）と歴史家たちである。彼らはスターリンの内政をどのように評価すべきなのかという問題と格闘し続けた（彼らの考えでは、冷戦はアメリカに責任があることが自明であった）。この間に、フルシチョフのスターリン批判は、ソ連体制と共産党の権威を傷つけただけの誤った政治的行為だと考える人々が力を盛り返してきた。また、スターリンの統治の一部に問題があったことを認めつつも、全体としての彼の歴史的功績を再評価すべきだとする人々も出てきた。

だがそれでは、工業化と集団化という怒濤《どとう》のような社会変革の時代について、どこをどのように問題部分として切り出せばよいのか。たとえば、大量の餓死者が出なかったとは言えなかった。同時に、このときの農民を犠牲にした穀物供出による急激な工業化が第二次大戦で決定的意味を持ったことも否定できなかった。誰にも歴史的に妥当と受けとめられる見方は出せなかった。こうしてスターリンの歴史的評価という課題が極度に困難であることがわかると、ソ連では公的な場でこの問題を取り上げなくなった。ただ共産党の許可なしに出版されていた地下出版物によってのみ、密かに議論され続けたのである。

問題なのは西側諸国の知識人やジャーナリストの受けとめ方で、彼らはスターリン批判をめぐる以上のようなソ連の人々の自問自答の過程を、西側の価値観を受け入れたリベラル派と、そうではない保守派の戦いとして理解したのである。こうした見方によれば、前者のリベラル派は歴史的真理を追求して、スターリンの悪行を容赦なく暴き立てる人々で、後者は保身のため、あるいは頑迷なために、スターリンは単なる独裁者ではなかったと擁護する人々であった。要するに、西側のソ連専門家は正義と悪の戦いがソ連国内でなされており、外部の者はソ連のスターリン批判派を支援すべきだと論じ続けたのである。

ソ連国内では、こうした整理に対して、声にならない反論が生まれていた。すなわち、この整理が正しいというのであれば、どのようにしてソ連は第二次世界大戦でヒトラーに勝つことができたのか。もし、スターリンの行動がすべて否定されるべきだと言うのであれば、冷戦は一方的にアメリカが正しく、ソ連は一方的に誤った政策を行っているということなのか。ソ連国内には、このように自問する人々が少なからずいた。ソ連の歴史家は、ソ連国内の歴史認識と西側のそれとの間に開いた深い溝に戸惑わざるをえなかった。ソ連体制の抑圧が問題であることは明らかであった。しかし、そのことはスターリンのすべてを否定すること、つまり、ソ連体制のすべてを否定することと同じとは思えなかった。こうした反論を西側の多くのソ連通は無視し続け、一九六〇年代の半ばからほぼ二〇年間、スターリン批判を中核とする歴史認識こそが唯一の正しい認識だと言い続けたのである。

ゴルバチョフの演説

こうした状況にある一九八五年に、ゴルバチョフ（一九三一〜）がソ連共産党書記長として登場した。彼はフルシチョフの志を受け継いで、スターリンの歴史的評価という問題に取り組んだ。この自信満々の指導者は、ソ連という国家を社会主義国として再生させるためには、この問題は避けて通ることができないと考えたのである。ソ連の人々は固唾《かたず》を飲んでゴルバチョフによる歴史評価を待った。西側の人々も、彼がフルシチョフ以上に明確にスターリンを弾劾《だんがい》してくれるのではないかと期待した。彼が掲げたソ連体制の革命的変革は、必然的にスターリンが生み出した体制を変革することを意味したからである。

一九八七年のロシア革命七〇周年の記念演説がその機会となった。しかし結果から言えば、ゴルバチョフの演説は一九五六年のフルシチョフのそれほど衝撃力のあるものではなかった。彼の評価はせいぜい折衷的、悪く言えば、予想以上にスターリンの歴史的功績を評価するものであった。演説の以下の部分がこの点をよく示している。

「党は前人未到の工業化の道を――外部の財源に頼らず、軽工業の発展による長年の蓄積を待ちきれずに、ただちに重工業を推進するという道を打ち出した。これは、国と国民にとって考えも及ばないほどの困難な道とはいえ、当時の状況では唯一可能な道だった。（中略）工業化は国を一躍質的に新しいレベルに押し上げた。三〇年代末にはソ連は工業生産高で欧州第一位、世界第二位となり、真の大工業国となった。（中略）そして冷静な目で歴史を見、国内的・国際的現実の総体を考慮に入れるなら、こう自問せざるをえない。当時の条件下で、党が打ち出した方針とは違う方針を選ぶことがはたして可能だったろうか、と。もしわれわれが歴史主義、生活の真実の立場にとどまりたいと思うなら、答えは一つしかありえない。不可能だったということである」

ゴルバチョフはこのようにまとめることで、スターリン擁護派の主張をほぼ完全に支持したのである。彼はここで、ただスターリンという名前を使わず、「党」という曖昧な主語を代わりに置いたのである。だが、明らかにここでゴルバチョフは、スターリンが中心になって進めた急進的工業化政策しか、一九三〇年代には進む道はなかったと認めたのである。もちろん彼は、それだけでは、ソ連体制の根本的改革を望み、スターリン弾劾を求める人々を改革から遠ざけることをよく知っていた。そこで彼は次のように付け足した。

「現在、わが国の歴史におけるスターリンの役割について盛んに議論されている。彼の人格はきわめて矛盾している。歴史的真実の立場にとどまるなら、（中略）スターリンの議論の余地のない貢献も、彼とその側近が犯し、そのためにわが国民が大きな代価を支払い、わが社会の生活に重大な結果を及ぼした乱暴な政治的誤りや専横も見なければならない。時々、スターリンは違法行為や事実の多くを知らなかったのだという主張もある。我々がもっている文書は、そうではないことを物語っている。行われた集団的弾圧と違法行為に対する党と国民へのスターリンおよびその最も近い側近の罪は絶大であり、許しがたい。これはすべての世代にとっての教訓である」

ゴルバチョフのこのような扱いはバランスがとれているようだが、明らかにスターリンの功績を認める議論の方が強い調子を帯びていた。スターリンの犯した政治的誤りや違法行為は、彼が歴史的偉業を成し遂げる過程で生じた付随的現象として扱われていたからである。いずれにせよ、この種の歴史評価によく起こるように、ゴルバチョフの演説は誰も満足させなかった。スターリン擁護勢力から見れば、どう見てもゴルバチョフは、アメリカの意見を受け入れて冷戦の終結に向かっている軟弱な政治家でしかなかった。他方、スターリン批判勢力は、彼はスターリンの政策の犠牲になった人々の立場から考えない中途半端な政治家だとみなした。多くの国民は、ゴルバチョフは、国民に進むべき方向を示す政治家としては慎重に過ぎると受けとめた。こうして、一九九一年に彼もフルシチョフと同じように権力の座から引きずり降ろされた。同じ年にスターリンが一生を賭けて築いたソ連も崩壊した。

ソ連崩壊後の評価

それでは、ソ連崩壊後に現れたロシアでは、スターリンの歴史的評価はどうなっているのだろうか。結論から言えば、状況は一九八七年のゴルバチョフ演説のときと大きくは変わっていない。スターリン擁護派と糾弾派は、相変わらず厳しい対立の中にあるのである。そのことは、二〇〇三年にロシア科学アカデミー付属ロシア史研究所でなされたシンポジウム「スターリンなき五〇年、スターリン主義の遺産と二〇世紀後半に対する彼の影響」での議論が例証している。この研究所はソ連時代にも、また現在もロシアの歴史研究所として代表的な機関で、そこでの議論はロシア史研究の最先端を意味するものではないとしても、ロシアの歴史認識に大きな影響を与えているからである。

このシンポジウムでは同研究所の研究員八人とポーランドの歴史研究者が報告をした。以下、演題と論者を挙げれば、次のようになっている。

一、「スターリンが遺した遺産、スターリン統治の総括と二〇世紀後半の祖国の歴史に与

えたその影響」（セニャフスキー・ロシア史研究所主任研究員）
二、「政治的分野におけるスターリンの遺産とその克服（党、国家、政治）」（ジューコフ指導研究員）
三、「バビロンの塔の建築家（スターリン主義の哲学に寄せて）」（イリザロフ指導研究員）
四、「スターリン主義のポーランド的解釈」（ドゥラチンスキ教授、ポーランド）
五、「戦後の工業化におけるスターリン主義の遺産」（レリチウク主任研究員）
六、「スターリンとソ連の民族問題」（コスティルチェンコ上級研究員）
七、「他の文化におけるステレオタイプの進化」（ゴルーベフ上級研究員）
八、「スターリン後のロシア正教会」（ワシリエヴァ指導研究員）
九、「スターリン後の国際関係と対外政策」（ネジンスキー主任研究員）

以上のような報告でも、またその後に開かれた質疑応答でも、スターリンについての対照的な二つの見方があることは明白であった。たとえばイリザロフは、自分の前に報告したジューコフの議論について、自分と対極的なスターリン理解だと前置きしてから論題に入った。しかし、ここではこうした議論に深入りする必要はないであろう。このシンポジウムで指導的役割を果たしたセニャフスキーの議論を紹介すれば、それでロシア国内のスターリン評価が外部世界のそれと異なる面があることは十分に伝えられるからである。

セニャフスキーの議論（報告と質疑応答での発言）は、スターリン統治期の抑圧はいかなる形であれ正当化できるものではないとした上で、それだけでスターリンを評価すべきではないと強く主張するものであった。彼によれば、第一に、倫理と政治は峻別されねばならなかった。二〇世紀の政治家は誰一人として「何らかの倫理的判断を指針とすることはなかった」からである。彼によれば、そのことは一九三八年のミュンヒェン協定を見れば明らかであった。

第二に、すべての真の革命は社会的テロを意味した。「ロシアでは抑圧は一九三七年に始まったのではなく、一九一七年に始まり、一九二〇年代の全期間、一九三〇年代の初めも続いていた」。テロは、ロシアの歴史的伝統から、「全人類的規範」に従おうとする「革命主義から」、世界戦争と内戦での人心の野獣化から生じたものであった。また、同様の大量殺戮はフランス革命などヨーロッパ史においても見られた現象であって、ロシアにのみ見られたものではなかった。ロシア革命では白軍のテロも赤軍のそれもひどいものだった。

第三に、集団化と工業化は不可避であった。革命前にはストルイピンによる改革という別の方向があったが、これも実際には否定的な影響の方が肯定的な影響よりも大きかった。また、一九二〇年代にとられた新経済政策（ネップ）は妥協策で、革命と内戦で破壊された国家を回復する力はあったが、それを新たな近代化に向けて進める力を持たなかった。何よりもここで問題だったのは、世界戦争が迫っていたことである（セニャフスキーがここで述べているのは、一九二〇年代にブハーリンが説いていた議論は、結局のところ、急進的工業化路線の代替策にはなりえなかったということである）。

第四に、スターリンはこうした政策をとることによって、第二次大戦で勝利を収めた。彼は緒戦で失敗したし、第二次大戦前に多数の軍司令官を抑圧したし、また戦争での勝利は非常に高い犠牲を払うものであった。しかし、それにもかかわらず、第二次大戦の勝利は彼の功績であったことに違いはなかった。世界の偉大な指導者は誰一人としてこの点を否定していない。しかもスターリンは戦後も、非常に短期間で、荒廃していた経済を立て直した。確かに彼の生み出したメカニズムは平時となった一九六〇年代には動かなくなったが、それは後継者の問題で、スターリンに責任を押し付けるべきことではなかった。

以上のようにセニャフスキーは二〇世紀のロシア史を総括し、スターリンの統治期にロシアは、その伝統主義と西洋マルクス主義の左翼過激思想を結びつけ、ロシアの条件に適応させることによって、新しい社会発展のモデルを生み出したのだと説いた。結びで彼はもう一度、スターリン主義とは「犯罪と失敗、それに歴史的勝利の不可分の一体」だとまとめ直したが、その力点が「歴史的勝利」の側にあることは明らかだった。彼はゴルバチョフ以上にスターリンの功績を評価したのである。

ロシアの歴史認識とスターリン

こうしたまとめを見るだけでも、ロシアのスターリンに対する評価が一筋縄ではいかないものになっていることがわかるだろう。ここで歴史家セニャフスキーはスターリンを歴史的に評価しようとしているのであるが、その彼の対立を基調とする国際政治観や、国民との関係で国家を重視する国家観は、スターリンがこの国の土壌の奥底に埋め込んだものなのである。いわば、スターリンとセニャフスキーが相互に支え合っていると言えよう。

むろん、セニャフスキーの議論がロシアの歴史家の多数派の意見だと言うことはできない。たとえば、このシンポジウムでも、政治家は倫理的判断を指針としていないとしても、程度の問題があるのではないかとする批判が示された。また、シンポジウムの内容を伝える冊子には、二つの論文がわざわざ付録として付されていた。そのうちの一つは、ロシアの集団化研究の第一人者ダニーロフの論文「スターリン主義とソ連社会」である。そこでダニーロフは、スターリンが組織し、実行した弾圧はいかなる形であれ正当化されるものではないと力説し、ロシアがソ連期に成し遂げた近代化は、ロシア革命の生み出した成果と考えるべきで、スターリン個人に帰すべきではないと主張した。おそらくはロシア史研究所の研究員の中に、セニャフスキーの議論に納得しなかった人々がいて、この論文を付録として加えるよう求めたのである。

現在、歴史の評価はどこの国でも大きな政治的問題を呼び起こしているが、ロシアでは間違いなくスターリンがそうした議論の中心に位置している。見てきたごとく、ロシア国内でのスターリン評価は、外部、特に欧米諸国でのそれと大きく異なっている。どこの国であれ、国家の内側から見た歴史評価と外側から見た歴史評価に違いはあり、どちらが客観的で真実に近いのか、簡単に言えることではない。しかし、両者のずれが大きくなるほど、内外の相互理解が困難になることは確かである。その意味で言えば、スターリンは今もなおロシアと外部世界の間にあって、両者の関係を示す重要な指標なのである。

おわりに

　スターリンは実にさまざまな角度から論じられてきた。たとえば、残忍だが傑出した支配者イワン雷帝と結びつけることによって、ロシアの専制的特質をこの上なく例証する人物として描かれてきた。また、一八世紀に活躍した開明的指導者ピョートル大帝と結びつけることによって、権力を駆使してロシア社会の近代化を図った人物として論じられてきた。さらに、社会主義や共産主義に関心を寄せる者は、スターリンをレーニンと対比して論じてきた。彼こそ、レーニンが見事に成し遂げた「社会主義革命」の成果を台無しにした人物、つまり「革命の墓掘人《はかほりにん》」だったというのである。スターリンをトロツキーやブハーリンと対置して論じる立場も同様だと言えよう。日本の学界ではゴルバチョフが書記長として登場するまで、このような観点が一般的だったと思う。

　これに対して、ロシア史よりも国際政治や比較政治に興味を持つ者は、本書冒頭で言及したように、スターリンをヒトラーと対置して論じてきた。同様の理解に立つ者は、中国の指導者毛沢東、あるいはカンボジアの血まみれの独裁者ポル・ポト等と比較すべき人物だと主張してきた。そればかりではなく、ヨーロッパの国際関係を一変させた政治家として、スターリンはナポレオンと比較されるべきだと論じた歴史家もいる。

こうした多彩なスターリン像が示されていたので、彼について論ずべき問題はほぼ論じ尽くされたとみなす者もいた。しかし、ソ連が崩壊し、新たな史料が次々に明らかにされてくると、新しい側面に注目した研究が続々と発表されるようになった。ようやく、冷戦時代のさまざまな政治的思想的対立から解放され、歴史学の対象として彼を捉えることが可能になったのである。いやむしろ、そうした時代の枠を超えた政治現象一般について、この人物が興味深い問題を提起する存在であることが理解され始めたと言うべきかもしれない。

本書は、スターリンに対するロシア国民の態度を手掛かりに、その人物像の再検討を図ったものである。あえて言えば、もう一度ロシア社会の中にスターリンを置き直し、彼が果した役割を考えようとした。内容についての最終的な判断は読者に委ねる以外にないが、本書が、名ばかり知られたスターリンについて考えるきっかけになれば幸いである。

考えてみれば、本書の執筆にはずいぶんと長い時間がかかった。最初に中央公論新社の方からスターリンについて新書にまとめる気はないかと打診されたのは、二〇〇六年のことだったと思う。それより三年前に、雑誌『中央公論』に載せたスターリンに関する拙文を見て、何か新味のあるものが書けるのではないかと考えていただいたようだ。しかし、スターリンの伝記を書くのはロシアを研究する者には重い課題で、戸惑ったのも事実である。とてもその任ではないという思いは、頭の中でなかなか消えなかった。その後、何年か経って、再度、没後六〇年になる二〇一三年という記念すべき年を見逃さず、小さな伝記をまとめてはどうかと言われた。このときの会話の中で、これまで調べたことを読者に提示することが、自身の研究を深める一歩になるかもしれないと指摘され、なるほどと思ったのを覚えている。

しかしその後も、種々の理由から、脱稿に至るまで多くの時間がかかった。末筆ながら、前書きを書いて以降、辛抱強く付き合っていただいた田中正敏氏に深く感謝の意を記しておきたい。また、長い間、折に触れてこの課題について想起させてくださった松室徹氏にも心からの謝意を表したい。

二〇一四年六月九日

横手慎二

主要図版一覧

Miklós Kun, *Stalin: Unknown Portrait* (Budapest, N.Y., 2003).
iii, 6, 8, 51, 57, 60, 81, 104, 126, 135, 164, 257

V.Sukhodeev, *Stalin, entsiklopediia* (Moskva, 2013).
130, 198

A.M.Ledovskii, *SSSR i Stalin v sud'bakh Kitaia* (Moskva, 1999).
M.S.Kapitsa, *Na raznykh paralleliakh, zapiski diplomata* (Moskva, 1996).
L.D.Riabeva (red.), *Atomnyi proekt SSSR, dokumenty i materialy*, vol.2-1 (Moskva, Saratov, 1999).
N.S.Khrushchev, *Vospominania, vremia, liudi, vlast'*, vol.2, 4 (Moskva, 1999).
R.Pikhoia, *SSSR, istoriia velikoi imperii, pod znakom Stalina* (Moskva, 2009).
A.A.Danilov, A.V.Pyzhikov, *Rozhdenie cverkhderzhavy, SSSR v pervye poslevoennye gody* (Moskva, 2001).
I.V.Bystrova, *Kholodnaia vaina, 1945-1960 gg.* (Moskva, 2009).
S.Rybas, *Stalin* (Moskva, 2012).
André Mommen, *Stalin's Economist, The Economic Contributions of Jero Varga* (London, 2011).
Cold War International History Project, *Bulletin, New Evidence on North Korea*, vol.14/15, Winter 2003-Spring 2004.
長谷川毅『暗闘――スターリン、トルーマンと日本降伏』(中央公論新社、2006)
ジョレス・メドヴェージェフ、ロイ・メドヴェージェフ(久保英雄訳)、『知られざるスターリン』(現代思潮社、2003)
和田春樹『朝鮮戦争全史』(岩波書店、2002)
ヴォイチェフ・マストニー(秋野豊・広瀬佳一訳)『冷戦とは何だったのか――戦後政治史とスターリン』(柏書房、2001)

終　章

V.Karpov, *Generalissimus*, vol.2 (Moskva, 2008).
R.Pikhoia, *Sovietskii soiuz: istoriia vlasti, 1945-1991* (Moskva, 1998).
V.Sukhodeev, *Stalin, entsiklopediia* (Moskva, 2013).
K.Aimermakher, G.Bordiugov, A.Fol'pert red., *Rossiia i Germaniia*, vol.3 (Moskva, 2010).
Iu.Afanas'ev et al. ed., *Istoriia stalinskogo gulaga* vol.1 (Moskva, 2004).
O kul'te lichnosti i ego posledstviiakh, *Izvestiia TsK KPSS*, 1989, vol.3.
50 let bez stalina: nasledie stalinisma i ego vliianie na istoriiu vtoroi ploviny XX veka, materialy 〈kruglogo stola〉 4 marta 2003 g.
Jeffrey Brooks, *Thank You, Comrade Stalin!* (Princeton, 1999).
Juliane Fürst, *Staln's Last Generation* (Oxford, 2010).
ミハイル・ゴルバチョフ(ソ連内外政策研究会訳)『ゴルバチョフ演説・論文集』第3巻(国際文化出版社、1989)

第７章
G.F.Krivosheev (red.), *Rossiia i SSSR v voinakh XX veka* (Moskva, 2001).
S.K.Bernev, A.I.Rupasov, *Ziminaia voina, 1939-1940 gg.* (Sankt-Peterburg, 2010).
Timo Vikhavainen, *Stalin i Finny* (Sankt-Peterburg, 2000).
Magnus Il'miarv, *Bezmolvnaia kapituliatsiia* (Moskva, 2012).
O.Ken, A.Rupasov, i L.Samuel'son, *Shvetsiia v politike Moskvy, 1930-1950-e gody* (Moskva, 2005).
Vladimir Alliluev, *Khronika odnoi sem'i* (Moskva, 1995).
K.A.Zalesskii, *Kto est' Kto v istorii SSSR, 1924-1953 gg.* (Moskva, 2007).
Mirovye voiny XX veka, kniga 3 (Moskva, 2002).
G.K. Zhukov, *Vospominaniia i razmyshleniia*, vol. 1,2,3 (Moskva, 1992).
A.Vasilevskii, *Delo vsei zhizni* (Moskva, 1975).
S.M.Shetemenko, General'nyi shtab v gody voiny, vol.1-2 (Moskva, 1985).
I.V.Stalin, *Sochineniia*, t.15-1 (Tver', 2008).
I.V.Stalin, *Sochineniia*, t.16-1 (Moskva, 2011).
N.F.Bugai, *L.Beriia - I.Stalinu, "soglasno vashemu ukazaniiu"* (Moskva, 1995).
Kh.-M.A.Sabanchiev, Deportatsiia narodov Severnogo kavkaza v 40-kh gg. XX v., *Voprosy istorii*, 2013, n.11.
N.I.Kapchenko, *Politicheskaia biografiia Stalina*, vol.3 (Tver', 2007).
キャサリン・メリディール（松島芳彦訳）『イワンの戦争――赤軍兵士の記録1939-1945』（白水社、2012）
ヴィクトル・ザスラフスキー（根岸隆夫訳）『カチンの森――ポーランド指導階級の抹殺』（みすず書房、2010）

第８章
Sovietsko-amerikanskie otnosheniia, 1945-1948, 1949-1952 (Moskva, 2004, 2006).
I.V.Stalin, *Sochineniia*, vol.16-2 (Moskva, 2011).
I.V.Stalin, *Sochineniia*, vol.18 (Tver', 2006).
A.O.Chubar'ian, *XX vek, vzgiad istorika* (Moskva, 2009).
A.M.Filitov, *Germanskii vopros, ot raskola k obedineniiu* (Moskva, 1993).
Erik van Ree, *Socialism in One Zone, Stalin's Policy in Korea 1945-1947* (Oxford, 1989).
Iu.M.Galenovich, *Dva generalissimusa: I.V.Stalin i Tszian Chzhunchzhen (Chan kaishi)* (Moskva, 2008).

Iz istorii kollektivizatsii, *Izvestiia TsK KPSS*, 1991, no.5, 6, 7.
S.S.Khromov et al. ed., *Industrizatsiia Sovetskogo soiuza, novye dokumenty, novye fakty, novye podkhody*, vol.1（Moskva, 1997）.
O.N.Ken, *Mobilizatsionnoe planirovanie i politicheskie resheniia*（S-Peterburg, 2002）.
Rossiia XX vek, Kak lomali NEP, vol.1（Moskva, 2000）.
Hiroaki Kuromiya, *Stalin, Profiles in Power*（London, 1998）.
中嶋毅『テクノクラートと革命権力――ソヴィエト技術政策史 1917-1929』（岩波書店、1999）
『スターリン全集』第6、7、8，9、10、11巻（大月書店、1952～1953）

第6章

A.D.Rassweiler, *The Generation of Power*（New York, Oxford, 1988）.
Stephen Kotkin, *Magnetic Mountain*（Berkeley, London, 1995）.
I.Stalin, *Sochineniia*, vol.14（Iaroslavl', 2007）.
N.A.Ivnitskii, *Golod 1932-1933 godov v SSSR*（Moskva, 2009）.
I.E.Zelenin, *Stalinskaia 〈revoliutsiia sverkhu〉 posle 〈velikogo pereloma〉*（Moskva, 2006）.
Rossiia XX vek, Golod v SSSR 1929-1934, vol.1（Moskva, 2011）.
O.N.Ken, A.I.Rulasov, *Politbiuro TsK VKP/b i otnosheniia SSSR s zapadnym sosednimi gosudarstvamn*, part 1（Sankt-Peterburg, 2000）.
Rossiia XX vek, Lubianka Stalin i VChK-GPU-OGPU-NKVD（Moskva, 2003）.
O.V. Khlevniuk, *Stalin i Ordzhonikidze*（Moskva, 1993）.
Melanie Ilič, ed., *Stalin's Terror Revisited*（New York, 2006）.
A.Berelowitch & V.Danilov ed., *Sovetskaia derevniia glazamy VChK-OGPU-NKVD*, vol.3, part. 2（Moskva, 2005）.
I.V.Bystrova, *Sovetskii voenno-promyshlennyi kompleks: problem stanovleniia i razvitiia (1930-1980-gody)*（Moskva, 2006）.
塩川伸明『スターリン体制下の労働者階級――ソヴィエト労働者の構成と状態:1929-1933年』（東京大学出版会、1985）
奥田央『コルホーズの成立過程――ロシアにおける共同体の終焉』（岩波書店、1990）
野部公一・崔在東編『20世紀ロシアの農民世界』（日本経済評論社、2012）
O．フレヴニューク（富田武訳）『スターリンの大テロル――恐怖政治のメカニズムと抵抗の諸相』（岩波書店、1998）
『スターリン全集』第12、13巻（大月書店、1953）

2002).
Peter Gatrell, *Russian First World War, A Social and Economic History* (Harlow, 2005).
S.V.Tiutiukin, *Voina, mir, revoliutsiia, ideinaia bor'ba v rabochem dvizhenii Rossii 1914-1917 gg.* (Moskva, 1972).
Robert Service, Joseph Stalin: The Making of a Stalinist, in John Channon ed., *Politics, Society and Stalinism in the USSR* (London, 1998).
S.V.Kureshov et al., *Natsional'naia politika Rossii: istoriia i sovremennost'* (Moskva, 1997).
Viktor Kondrashin, *Krestiianstvo Rossii v grazhdanskoi voine: k voprosu ob istokakh stalinizma* (Moskva, 2009).
Daniel E. Schafer, Local Politics and Birth of the Republic of Bashkortostan, 1919-1920, in R.G.Suny and Terry Martin ed., *A State of Nations* (Oxford, 2001).
Iz istorii obrazovaniia SSSR, *Izvestiia TsK KPSS,* 1991, no.4.
アイザック・ドイッチャー（山西英一他訳）『武装せる予言者トロツキー』（新潮社、1964〔1972〕）
Stephen F. Cohen, *Bukharin and the Bolshevik Revolution; A Political Biography, 1888-1938* (N.Y., 1973)（塩川伸明訳『ブハーリンとボリシェヴィキ革命——政治的伝記：1888～1938』（未来社、1979）
『レーニン全集』第24、25、26、27、35、36巻（大月書店、1957～1960）
『スターリン全集』第３、４、５巻（大月書店、1952）
S.P. メリグーノフ（梶川伸一訳）『ソヴェト＝ロシアにおける赤色テロル（1918～1923）——レーニン時代の弾圧システム』（日本評論社、2010）
梶川伸一『飢餓の革命——ロシア十月革命と農民』（名古屋大学出版会、1997）
R.W. デイヴィス（内田健二・中嶋毅訳）『現代ロシアの歴史論争』（岩波書店、1998）

第５章

E.H.Carr, *The Interregnum: 1923-1924* (London, 1954).
E.H. カー（南塚信吾訳）『一国社会主義』第２、第３巻（みすず書房、1974、1977）
N.I.Kapcheko, *Politicheskaia biografiia Stalina*, vol.2 (Tver', 2006).
E.M.Gimpel'son, *Rossiia na perelome epokh* (Moskva, 2006).
Eric van Ree, *The Political Thought of Joseph Stalin* (London, New York, 2012).

主要参考文献

第2章

B.N.Mironov, *Sotsial'naia istoriia Rossii*, vol.1 (S-Peterburg, 2003).
V.N.Ginev i S.S.Volk, *Revoliutsionery 1870-kh godov* (Leningrad, 1986).
Stephen F. Jones, *Socialism in Georgian Colors* (Cambridge, London, 2005).
Irada Guseinova, *Istoricheskaia entsiklopediia Kavkaza* (Baku, 2010).
S.I.Potolov, R.Sh Ganerin, P.Zelnik et al. ed., *Rabochie i intelligentsia Rossii v epokhu reform i revoliutsii 1861- fev.1917 g.* (S-Peterburg, 1997).
Ronald Grigor Suny, *The Making of the Georgian Nation*, 2nd ed. (Bloomington, 1994).
Ronald Grigor Suny, *Looking toward Ararat, Armenia in Modern History* (Bloomington, 1993).
El'dar Ismalov, *Ocherki Istorii Azerbaidzhana* (Moskva, 2010).
Lev Balaian, *Stalin, otets naroda* (Moskva, 2011).
橋本伸也『帝国・身分・学校――帝政期ロシアにおける教育の社会文化史』(名古屋大学出版会、2010)
『スターリン全集』第1巻 (大月書店、1952)、第13巻 (大月書店、1953)

第3章

Helen Rappaport, *Joseph Stalin: A Bibliographical Companion* (Santa Barbara, Denver, 1999).
Iosif Vissarionovich Stalin, entsiklopediia (Moskva, 2007).
John W. Steinberg, David Wolff et al. (ed)., *The Russo-Japanese War in Global Perspective*, vol.1, vol.2 (Leiden, 2005, 2007).
Miklós Kun, *Stalin: Unknown Portrait* (Budapest, N.Y., 2003).
Roberta Thompson Manning, *The Crisis of the Old Order in Russia* (Princeton, 1982).
K.I.Mogilevskii, *Storypinskie reformy i mestnaia elita* (Moskva, 2008).
Gerald M. Easter, *Reconstructing the State, Personal Networks and Elite Identity in Soviet Russia* (London, 2007).(ロシア語版利用)
Franko Venturi et al. (ed)., *Bol'shevistskoe rukovodstvo. Perepiska. 1912-1927* (Moskva, 1996).
奥田央編『20世紀ロシア農民史』(社会評論社、2006)
『スターリン全集』第2巻 (大月書店、1952)
レフ・トロツキー (武藤一羊・佐野健治訳)『スターリン』第1巻 (合同出版、1967)

第4章

V.L.Mal'kov, G.D.Shkundin ed., *Mirovye voiny XX veka*, vol.1 (Moskva,

主要参考文献

（参照順。初出の章のみ表示し、次章以降は省略する）

はじめに

Robert Conquest, *Stalin: Breakers of Nations* (London, 1991).

ドミトリー・トレーニン（河東哲夫ほか訳）『ロシア新戦略――ユーラシアの大変動を読み解く』（作品社、2012）。原題は *Post-Imperium: A Eurasian Story.*

Istoricheskoe soznanie v sovremennom rossiiskom obschestve; sostoianie i tendentsii formiroveniia, *Sotsiologiia vlati*, 2003, no.2 (Moskva).

Thomas de Waal, M. Lipman, L. Gudkov, L. Bakradze, *The Stalin Puzzle: Deciphering Post-Soviet Public Opinion*, http://m.ceip.org/2013/03/01/stalin-puzzle-deciphering-post-soviet-public-opinion /fnlp&lang = en

林達夫『共産主義的人間』（中公文庫、1973）

第１章

I.Kitaev, L.Moshkov, A.Cherhev, Kogda rodilsia I.V.Stalin, *Izvestiia TsK KPSS*, 1990, no.11.

Nikolai I. Kapchenko, *Politicheskaia biografiia Stalina*, vol.1 (Tver', 2004).

Igor' Obolenskii, *Memuary materi Stalina, 13 zhenshchini Dzhugashviri* (Moskva, 2013).

Robert C. Tucker, *Stalin as Revolutionary, 1879-1929* (N.Y., 1973).

Robert C. Tucker, *Stalin in Power, Revolution from Above, 1928-1941* (N.Y., London, 1990).

I.Stalin, *Sochineniia*, vol.17 (Tver', 2004).

Iosif Stalin v ob'iatiiakh sem'i: Iz lichnogo arkhiva (Berlin, Chicago, Moskva, 1993).

I.V.Stalin o《Kratkom kurse istorii VKP/(b)》, *Istoricheskii Arkhiv*, 1994, n.5.

アイザック・ドイッチャー（上原和夫訳）『スターリン』Ⅰ、Ⅱ（みすず書房、1966）

Simon Sebag Montefiore, *Young Stalin* (2008, Phoenix paperback edition). なお本書は、松本幸重による翻訳が2010年に白水社から出ている。

『プーシキン全集』第１巻（河出書房新社、1973）。本書の訳者は草鹿外吉と川端香男里である。

1953	3月5日	死去
	4月	医師団事件、メグレル事件がでっちあげと認められる
	7月	朝鮮戦争、停戦
	9月	農作物の国家による買い入れ価格の大幅引き上げ
1956	2月	フルシチョフによるスターリン批判
1991	12月	ソ連崩壊

	5月　リトヴィノフ外相を解任、モロトフを後任に
	8月　ドイツと不可侵条約
	9月　ドイツ軍がポーランドに侵攻し、第2次世界大戦が勃発
	11月　ソ連・フィンランド戦争始まる（1940年まで）
	12月　国際連盟でソ連追放の決議
1940	スターリンの刺客により、トロツキーがメキシコで殺害される
1941	4月　日ソ中立条約締結
	6月　ドイツ軍のソ連侵攻
	8月　スターリン、最高総司令官に就任
	9月　モスクワ攻防戦、始まる（42年4月まで）
1943	4月　捕虜になっていたヤコフが死去
	5月　コミンテルン解散
	11月　米英ソによるテヘラン会談
1944	6月　連合軍によるノルマンディー上陸作戦
1945	1月　ワルシャワ占領
	2月　米英ソによるヤルタ会議
	5月　ベルリン陥落
	7月　ポツダム会談
	8月　対日参戦
	12月　モスクワ会議
1946	第4次5ヵ年計画採択
1947	3月　トルーマン・ドクトリン発表
	6月　マーシャル・プラン発表
	9月　コミンフォルム設立
1948	6月　ユーゴスラヴィアをコミンフォルムから追放
	6月　ベルリン封鎖
	8月　ジダーノフの急死を受け、関係者が弾圧される事件（レニングラード事件）へ進展
1949	3月　モロトフ外相解任、ヴィシンスキーを後任に
	10月　中華人民共和国が成立
1950	2月　中ソ友好同盟相互援助条約が締結
	6月　北朝鮮が南進し、朝鮮戦争開始
	8月　原子爆弾の開発に成功
1952	3月　西側3国に「スターリン・ノート」で東西ドイツの中立化と武装許可の上で統一を提案
	10月　第19回共産党大会と中央委員会総会で党内慣行を無視した人事を行う
	11～12月　長年仕えてきた秘書や警護局長を逮捕させる

1927	5月　イギリスが対ソ国交断絶
	12月　シャフトゥイ事件
1928	1月　穀物調達を強行
	7月　中央委員会総会で急進的工業化政策を明らかに
	10月　第1次5ヵ年計画の開始（正式承認されるのは1929年4月）
1929	9月　東清鉄道の利権回収を図る張学良の軍隊とソ連軍が衝突
	10月　英ソの外交関係が復活
	トロツキーが国外追放される
1931	9月　満洲事変
1932	8月　穀物調達に対する農民の抵抗に厳罰を処する新法を採択
	8月　リューチン事件。スターリンを批判する綱領が議論される
	11月　妻ナデェージュダが自殺
	12月　国内旅券制度の導入。大量の餓死者が出る
1933	1月　極秘指令により、北カフカースやウクライナから農民の脱出を全面的に禁止
	5月　統合国家保安部の三人法廷（トロイカ）と呼ばれる簡易裁判の形式を見直す
	12月　政治局、国際連盟加盟、地域的相互援助条約とフランスとの相互援助条約の締結を基本的に了承
1934	初頭　第2次5ヵ年計画を承認（穏健なものに）
	12月　キーロフ政治局員暗殺事件
1935	2月　エジョフがスターリンの後押しで党統制委員会議長と党中央委書記に昇進
	7〜8月　コミンテルン第7回大会で人民戦線戦術が採択される
1936	8月　ジノヴィエフとカーメネフが処刑される
	9月　エジョフに党統制委員会議長と内務人民委員を兼任させ、人民委員を複数解任へ
	12月　新憲法制定
1937	2月　オルジョニキッゼが急逝
	5月　母ケケが死去
	6月　トゥハチェフスキーが処刑されるなど、軍部粛清
	8月　「祖国の敵と宣告された者の妻」を逮捕するよう命令が出される
1938	7月　張鼓峰の戦い
	9月　ミュンヒェン会談
	11月　エジョフが内務人民委員を解任される
1939	5月　ノモンハンの戦い勃発

	7月　ストルイピンが首相に任命される
	7月　エカチェリーナ・スヴァニッゼと結婚式を挙げる
1907	長男ヤコフ誕生
	妻エカチェリーナが病没
	6月　チフリスで現金輸送車襲撃事件
1908	3月　再び逮捕され、流刑となる。この後、1917年の革命勃発まで逮捕と流刑と脱走を繰り返す
1909	8月　党組織について論じた「党の危機と我々の任務」を発表
1912	1月　レーニンにより中央委員に加えられる
1913	1月　論文「ペテルブルグにおける選挙」でスターリンという名前を用いる
	小冊子「マルクス主義と民族問題」を刊行
1914	7月　第1次世界大戦勃発
1917	3月　ロシア革命が勃発。流刑先から首都に戻る
	7月　七月危機。首都の兵士と労働者による臨時政府批判の武装デモ
	11月　トロツキー指揮の武装蜂起により、レーニン政権が成立
1918	3月　ドイツとブレスト・リトフスク条約締結
	5月　農民から食糧の強制徴発に踏み切る
	7月　南部での軍事的全権をレーニンに要求する
1919	3月　共産主義インターナショナル（コミンテルン）の創設
	3月　第8回共産党大会（一部路線変更）
	5月　ペトログラードに迫るユデーニッチの軍をスターリン率いる軍が撃退
	ナデェージュダ・アリューエヴァと2度目の結婚
1921	次男、ワシーリー誕生
	新経済政策（ネップ）が採用される
1922	4月　共産党中央委員会書記長に就任
	5月　レーニン、最初の発作で倒れる
	ソ連邦の成立
1924	1月　レーニン死去
1925	1月　トロツキーが軍事人民委員を解任される
	12月　カーメネフが政治局員から同候補に降格
1926	1月　ジノヴィエフの拠点、レニングラード党委員会に部下を送り込む
	2月　長女スヴェトラーナ誕生
	7月　ジノヴィエフが政治局員の地位を剝奪される
	10月　トロツキーが政治局員の地位を剝奪される

スターリン関連年表

（すべてグレゴリオ暦）

西暦	主な出来事
1878	12月18日　誕生？（生地グルジアのゴリにあるウスペンスキー大聖堂の戸籍簿による）
	12月29日　受洗？（同上）
1879	12月21日　誕生？（ソ連共産党公式文書による）
1881	3月　アレクサンドル2世がテロリストに殺害される
1894	6月　ゴリの正教会教会学校を卒業
	9月　チフリス神学校に入学
	11月　ニコライ2世が即位
1895	グルジア語の新聞『イヴェリヤ』に「朝」などの詩が掲載される
1896	6番目の詩「わが友ニニカ」が新聞『クヴァリ』に掲載される
1898	グルジアの社会民主主義運動の組織に入り、活動を始める。神学校での素行によりたびたび懲罰を受けるようになる
1899	5月　神学校より退学処分
	この頃より「コーバ」という名前が呼び名として広まる？
1901	社会革命（エスエル）党が発足する
	メーデーのデモ事件に関わる
	11～12月　論文「ロシア社会民主労働党とその当面の任務」を発表
1902	4月　潜伏中のバツーミで逮捕される
1903	7月　3年の東シベリア流刑を宣告される
	7月　ロシア社会民主労働党がボリシェヴィキとメンシェヴィキに分裂
	11月末　流刑地のイルクーツク県の僻村に着く
1904	2月　日露戦争開戦
	9月　論文「社会民主党は民族問題をどう理解するか」を無署名で発表
1905	1月　血の日曜日事件
	初頭　論文で党組織について論じる
	9月　日露間でポーツマス講和条約締結
	10月　ニコライ2世が民選の立法機関の設置を認める（十月詔書）
1906	4月　国家基本法が公布され、ロシアが立憲国家へ歩み始める

た行

な行

は行

ま行

主要人名索引

原則として、スターリンと直接関係のあった人物をまとめた

横手慎二（よこて・しんじ）

1950（昭和25）年，東京都生まれ．東京大学教養学部卒業．同大学院博士課程中退．外務省調査員としてモスクワの日本大使館に勤務．慶應義塾大学法学部助教授，同教授を経て，2016年，名誉教授．
著書『東アジアのロシア』（編著，慶應義塾大学出版会，2004）
『日露戦争史』（中公新書，2005）
『現代ロシア政治入門』（慶應義塾大学出版会，2005）
など

スターリン
中公新書 2274

2014年7月25日初版
2022年7月30日8版

著　者　横手慎二
発行者　安部順一

本文印刷　三晃印刷
カバー印刷　大熊整美堂
製　本　小泉製本

発行所　中央公論新社
〒100-8152
東京都千代田区大手町 1-7-1
電話　販売 03-5299-1730
編集 03-5299-1830
URL https://www.chuko.co.jp/

Published by CHUOKORON-SHINSHA, INC.
Printed in Japan　ISBN978-4-12-102274-5 C1223